版权声明

© 2020 Taylor & Francis.

Authorized translation from the English language edition published by Routledge, a member of the Taylor & Francis Group, LLC.

All rights reserved. No part of this book may be reprinted or reproduced or utilized in any form or by any electronic, mechanical, or other means, now known or hereafter invented, including photocopying and recording, or in any information storage or retrieval system, without permission in writing from the publishers.

Copies of this book sold without a Taylor & Francis sticker on the cover are unauthorized and illegal.

本书原版由Taylor & Francis出版集团旗下Routledge出版公司出版，并经其授权翻译出版。

本书封面贴有Taylor & Francis公司防伪标签，无标签者不得销售。

保留所有权利。未经中国轻工业出版社书面授权，任何人不得以任何方式（包括但不限于电子、机械、手工或其他尚未被发明或应用的技术手段）复印、拍照、扫描、录音、朗读、存储、发表本书中任何部分或本书全部内容。中国轻工业出版社未授权任何机构提供源自本书内容的电子文件阅览、收听或下载服务。如有此类非法行为，查实必究。

亲近自然丛书

Nature Education with Young Children
Integrating Inquiry and Practice (Second Edition)

与儿童一起探索自然

幼儿园自然课程故事

[美] 丹尼尔·R.迈耶　　斯蒂芬妮·西斯克-希尔顿　／ 主编
　　（Daniel R. Meier）　　（Stephanie Sisk-Hilton）

陶　莹／译

中国轻工业出版社

图书在版编目（CIP）数据

与儿童一起探索自然：幼儿园自然课程故事／（美）丹尼尔·R.迈耶（Daniel R. Meier），（美）斯蒂芬妮·西斯克-希尔顿（Stephanie Sisk-Hilton）主编；陶莹译.—北京：中国轻工业出版社，2022.5（2025.12重印）
ISBN 978-7-5184-3653-8

Ⅰ.①与… Ⅱ.①丹… ②斯… ③陶… Ⅲ.①学前教育-自然科学-高等学校-教学参考资料 Ⅳ.①G613.3

中国版本图书馆CIP数据核字（2021）第202292号

责任编辑：张天怡　　　责任终审：张乃柬
策划编辑：高　君　　　责任校对：吴维斌　　　责任监印：刘志颖

出版发行：中国轻工业出版社（北京鲁谷东街5号，邮编：100040）
印　　刷：三河市双升印务有限公司
经　　销：各地新华书店
版　　次：2025年12月第1版第5次印刷
开　　本：710×1000　1/16　印张：16
字　　数：135千字
书　　号：ISBN 978-7-5184-3653-8　　定价：74.00元

读者热线：010-65181109
发行电话：010-85119832　010-85119912
网　　址：http://www.chlip.com.cn　　http://www.wqedu.com
电子信箱：1012305542@qq.com
版权所有　侵权必究
如发现图书残缺请拨打读者热线联系调换
252021Y1C105ZYW

译者序

意大利幼儿教育家玛利亚·蒙台梭利（Maria Montessori）曾经在一首诗中写道："给孩子们自由吧，鼓励他们去感受自由；下雨的时候，请允许他们跑出去；当他们发现水洼时，请允许他们脱掉鞋子；当草地上沾满露水时，请允许他们光着脚奔跑嬉戏；当大树邀请他们在树荫下打盹时，请允许他们安静地休息；当清晨的阳光将他们唤醒时，请允许他们放声欢笑。"你是否发现年幼的孩子特别喜欢在下雨天踩水洼，兴奋地看水花四处飞溅，不管父母如何责备或阻挠？你是否发现他们喜欢蹲在地上看蚂蚁搬家，喜欢在沙池里挖沙子、堆沙堡，喜欢雨过天晴以后到树下捉蜗牛，喜欢收集各种形状和颜色的落叶以及大大小小的松果，喜欢在开阔的草坪上肆意奔跑和翻滚？

儿童是自然之子，他们天生亲近自然，大自然中的一切对他们来说都非常具有吸引力。儿童似乎与生俱来有着与大自然交流的本能。我们不应该让儿童远离大自然，而应该鼓励儿童亲近大自然，感受大自然，拥抱大自然，热爱大自然。人类最早就是生活在自然环境中，通过触摸、聆听和观察这个世界成长起来的。苏联教育家苏霍姆林斯基曾说："人的内心里有一种根深蒂固的需要——总想感到自己是发现者、研究者、探寻者。在儿童的精神世界中，这种需求特别强烈。但如果不向这种需求提供养料，即不积极接触事实和现象，缺乏认识的乐趣，这种需求就会逐渐消失，求知兴趣也与之一道熄灭。"大自然中有太多值得儿童去发现、研究、探寻的东西。

记得刚从"万千教育"编辑部的高君编辑那里拿到本书的英文版时，浮现在我脑海中的第一个问题是，它与之前已经出版的关于儿童探索大自然的书籍有何不同之处呢？几番认真阅读和细细品味下来，我发现本书不仅讲述了自然教育的理论和实践，还通过教师们娓娓道来的课程故事呈现了儿童在大自然中的探究与学习。这是一群热爱大自然，热爱生活，有着多年户外教育和森林教育经验的幼儿教师，他们带着年幼的儿童在林间漫步，在野外生火，在幼儿园的花园里捉虫子、喂小鸟，这些故事充满了浓浓的自然气息。书中最令我感动的是教师勇于克服内心的恐惧与焦虑，愿意做儿童的"自然伙伴"，与儿童大手牵着小手共同走出教室，走向广阔的大自然。他们愿意俯下身来倾听儿童的对话，并给予温暖的回应与支持。教师在讲述这些故事时，还原和再现了儿童在大自然中的学习与体验，并对自身的教育实践进行反思，故事中有困惑、有纠结、有顿悟、有喜悦，非常真实，发人深思。书中所呈现的教师对儿童在大自然中的学习进行细致入微的观察，用多种方式对儿童的对话与思考的捕捉和记录，对儿童的绘画和表征的收集与分析，以及对自身教育实践的梳理和反思，都非常值得我们借鉴。

近年来，我国专家和学者对儿童早期自然教育的关注度有所提高，越来越多的人开始认识到自然教育的重要性。目前，大多数幼儿园的自然教育是围绕"把大自然请进幼儿园"的思路开展的，包括创设自然角、开辟种植区和饲养区以及提供丰富的自然材料，也有一些幼儿园采用了国外自然教育的模式，尝试将教室搬进大自然。无论是哪种形式，我们都是在尽可能地保护儿童热爱和探索大自然的天性，为其营造亲近大自然的环境氛围。正如本书的作者所说，"我们不仅可以在乡村、森林、溪流、山川、树林中寻找大自然，也可以在室内、玻璃容器、书籍以及显微镜下寻找大自然，还可以在郊区和城市——高架铁轨下、城市小溪里、城市公园的岩石和原木底下、城市公园的树木和灌木丛以及城市周边的野生地区寻找大自然，更可以在花园以及由教师和其他人设计与建造的环境中寻找大自然，如专为儿童设计用于户外探索和游戏的学校场地或公共区域。我们甚至可以在儿童搭建堡垒、城堡、秘密基地、聚集地和安静角落的那些隐蔽的空间里寻找大自然。"其实，在哪里寻找大自然也许并不重要，重要的是我们愿意做一个有心人，愿意与儿童一起，用心去体验和感受大自然中生命的美好。

翻译本书的过程虽然忙碌辛苦，但是我感受到更多的是儿童在大自然中有趣而丰富的学习体验，也重新唤醒了自己内心对大自然的崇敬与热爱。当遇到不太确定的词汇时，我还专门请教了在国外工作和生活多年的幼教同行以确认核实，尽可能做到让文字的表述更加符合国内幼教界的话语习惯。由于文化差异，以及个人的水平和精力有限，译文中难免出现一些不尽如人意之处，诚恳地欢迎读者批评指正，并提出宝贵意见。

陶莹
2021 年 11 月于南京

原著推荐序

基于自然的幼儿教育逐渐兴起,并受到学校行政主管、儿童家长和教师群体教育院系的尊重和重视,这是多么令人高兴的事情。本书代表了幼儿教育走向"自然化"时代的到来。基于自然的幼儿教育,再也不用躲藏在壁橱里或迷失在草丛中,就像本书各章节所描述的那样,正在重拾它应有的尊重。与那些为儿童及其家长开具补充更多自然时间处方的"医生"一起,本书作者们所撰写的令人振奋的文章正在为儿童提供每日健康"食粮",包括来自周围自然界的蜘蛛网、香蕉蛞蝓、桉树林、沼泽禾草以及水母。

大约60年前,欧洲兴起了一场"自然幼儿园和森林幼儿园运动",这是一种与传统的幼儿教育截然不同的教育方式。自然幼儿园和森林幼儿园的教师不只关注儿童的读写和算术能力,还致力于培养儿童的社会交往能力、个人适应能力以及让儿童做好学习准备。德国有1000多所森林幼儿园,斯堪的纳维亚半岛、英国、日本和澳大利亚都有森林幼儿园。韩国甚至有一个森林幼儿园协会。这些教育者的信念是,在真实的自然世界中的体验有助于培养儿童的自信、适应能力和毅力,这些正是提高儿童的学习积极性和学习成绩所需的基本能力。在过去的20年里,这项运动在美国发展迅速,目前全美已有500多所幼儿园采用了基于自然的教学方式。

刚开始,这些幼儿园出现在绿树成荫的郊区或农村地区的自然中心。但后来,大家意识到城市儿童可能比农村儿童更需要每天接触大自然。随后,"城市中心"的自然幼儿园在美国的波士顿、华盛顿特区、纽约、亚特兰大和迈阿密生根发芽,随后又出现了颇具新意的"小树"项目,席卷了西雅图的八座城市公园。

目前，旧金山及其周边的社区花园、城市绿地和国家公园里有许多这样的自然幼儿园正蓬勃发展起来。本书所描述的很多（不是全部）教育实践的灵感就来源于这些自然幼儿园。在教师的带领下，我们进入了城市喧嚣的隐秘角落，一起感受和欣赏儿童对自然世界的惊奇与兴奋。正如书中的一位作者所说："放慢脚步，和孩子们手牵着手，一起走走，这种感觉真好。"本书的每一位作者都像在牵着你的手和孩子们一起安静地散步。

本书的每章内容至少包括四个独特的元素。

教师从自己童年的自然经历中获得灵感

本书中的许多教师清楚地谈及自己幼年时接触大自然的经历，并从中获得灵感，决心为城市儿童提供类似的自然体验。在斯里兰卡长大的吉塔·杰沃登（Gita Jayewardene）回忆道："在父亲的书架后面（壁虎最喜欢下蛋的地方）寻找壁虎蛋，然后把它们放进铺着棉花的空火柴盒里。"她讲述的"如何捉蜻蜓、蚱蜢、虫子、青蛙等小动物，以及养狐狸、孔雀、松鼠和豪猪等故事"让孩子们听得如痴如醉。同样，希瑟·B. 泰勒（Heather B. Taylor）讲述了她的本领：

> 如同一位自然科学家一样，我是在每天收集昆虫、鱼类、蝌蚪、岩石，以及爬树、挖土、滑下山、水花飞溅的过程中成长起来的。我卧室的架子上放着一个生锈的咖啡罐，随时用来存放我发现的各种宝贝。我的家人喜欢科学，并且允许我养一些小动物，只能是一个星期，之后就要把它们送回大自然。

贾纳·沃尔什（Jana Walsh）回忆起她和母亲一起穿过金门公园时，母亲绘声绘色地说："倒挂金钟、杜鹃花、玫瑰天竺葵，尤其是旱金莲，开着极其耀眼的黄色和橙色花朵，还有隐藏着的香甜花蜜（我们很幸运，知道从哪里找）。"

许多研究发现，童年时期的经历会影响成年时期的环保意识和行为，这些研究还发现了两个反复出现的主题——一个是在记忆犹新的野外或半野外的地方的长期停留，另一个是教儿童尊重自然的成人。本书中教师的反思也证实了这一研究。此外，我很高兴看到教师为儿童创造了有关以上两个主题的教育契机。儿童要想应对 21 世纪的环境挑战，就必须牢牢地扎根于大自然。

自然教育与瑞吉欧教育的结合

在过去的 10 年里，自然教育运动和瑞吉欧运动相遇，真是令人振奋。这标志着幼儿自然教育运动的成熟，教师们致力于用不同的方式记录自己的教育实践，并积极开展行动研究，以揭示当儿童与香蕉蛞蝓互动时到底发生了什么有趣的事情。正如美国弗吉尼亚州里士满学校的艺术指导教师安娜·戈尔登（Anna Golden）所说：

> 在瑞吉欧·艾米莉亚学校里，"教学档案"（documentation）这个词可以指"情境课程"的一种形式，也可以指教师的日常教学实践，即观察儿童的活动，通过图片记录儿童的学习，对教学笔记和图像进行反思，以及诠释儿童的学习过程。

瑞吉欧对儿童与自然互动的细微观察和详细记录帮助教师更深入地理解儿童，并有助于教师更有效地与儿童家长沟通，让家长了解儿童户外活动的重要性。安娜讲述了不同的儿童在幼儿园自然环境中的经历，她用这个非常有趣的例子阐述了教师的探究如何带来新的理解和课程理念。

基于自然的方法大有裨益

当你用书中所记录的各种各样的探究方法仔细观察同一物体时，你会发现以前从未发现的东西。这是地方教育的乐趣之一——充满意外的、超乎直觉的发现。在评估工作中，我发现了一个有趣的现象，即基于自然的活动有益于儿童的语言发展，无论是对语言发展迟缓的儿童还是英语学习者。在教室里从来不说话的儿童在树林里将第一次开口说话；刚入园时英语水平极其有限的儿童在农场项目的作用下，英语水平出现意想不到的飞跃。书中伊索罗·M. 埃斯卡米拉，撒哈拉·冈萨雷茨–加西亚（Sahara Gonzalez-Garcia）和艾丽西亚·阿尔瓦雷斯（Alicia Alvarez）关于双语学习者的文章对同样的发现进行了很好的说明。他们关于阿泽尔（他们的一个学生）和乌龟塔蒂安娜的学习故事是一个很好的例子，它把一只孤儿乌龟、讲故事、多种形式的艺术教学档案以及家庭参与交织在一起。作者描述道："持续一段时间的反复观察和动手操作，孩子们学会并掌握了母语或英语中的新单词。"这种方法既能促进儿童的语言发展，又能提高他们的早期科学探究能力。

还有一些关于婴儿和学步儿的精彩文章，他们是目前自然教育文献中相对被忽视的群体。卡米尔·T. 邓吉（Camille T. Dungy）描述了她怀抱着婴儿去美国加利福尼亚科学院的经历，他们观察了一个水箱里的海洋生物。

> 我们静静地站在海月水母前，我能感觉到宝宝的脚后跟以一种模仿海月水母摆动的节奏拍打着我的臀部。她认真地看着这些生物在它们的世界里如何漂浮，她把这些认识带到自己的身体里。

当你意识到儿童正在观察海月水母，并通过运动来内化海月水母的运动模式时，你会感到异常惊讶。正是作者不辞辛劳地详细记录，才能洞察到如此令人意外的画面。

儿童的声音在耳边萦绕

详细认真的记录有助于我们了解儿童的语言萌发以及意义建构。作为一个年轻的父亲，我致力于捕捉自己孩子的语言和表述以及我们之间的对话。多年以后，当我回过头来看这些记录时，不仅想起那些几乎完全被忘却的事情，还从孩子们的兴趣和想法中发现了我从未留意到的一些模式。本书的作者们都擅长关注好的谈话，并在它们从记忆中消失之前把它们记录下来。于是，展现在我们面前的是关于"坏"黑鸟、香蕉蛞蝓的触角、森林仙子以及柠檬树的一些有趣对话。在一次森林探险中，马蒂·格雷维特（Marty Gravett）和班上的孩子们发现了一棵大树，它被连根拔起并横卧在一条小溪中。她发现孩子们试图理解眼前的情景。

> 汉娜：我找到一座桥。不，我没有。它是一棵倒下的树。
> 亨特：那是一座树桥。
> 汉娜：不是，是一棵树倒了。
> 埃里克：就像一座桥。

这是一个很好的例子，它向我们展示了偶发的自然现象是如何激发儿童使用描述性语言和比喻的。本书的大多数文章中都有类似的对话片段，能立刻把我们带入儿童的世界和心灵中。

所以，我强烈向你推荐这本书。它会给你勇气，鼓励你带着孩子们一起走进空地、城市公园、乱石丛生的海岸、布满鼠洞的灌木丛。这些文章会鼓励你在背包里放一支削尖的铅笔和一本随手可得的日记本。孩子们探索世界的故事会让你对那些出乎意料的童言童语产生共鸣。感谢丹尼尔·R. 迈耶（Daniel R. Meier）和斯蒂芬妮·西斯克-希尔顿（Stephanie Sisk-Hilton）将这些细心获得的声音汇集于此。

戴维·索贝尔（David Sobel）

前言

> 到树林里去仔细看看。在那里,离地大约15厘米高的地方有一棵北美短叶松。它现在的体形并不能显示它过去的辉煌。但你不得不佩服它的适应能力;正因为它要的不多,所以它能很好地生存下来。
>
> ——马西娅·鲍登(Marcia Bowden,1989,p.97)

鲍登这本关于自然的书出版于30年前,远早于近些年来的一些书籍。这些书籍呼吁孩子们需要户外活动,需要拔掉手里电子产品的电源,需要在学校的花园里挖洞和种植,需要学会欣赏与理解大自然和户外环境,这样才能拯救地球和世界。

正如美国幼儿教育家和故事讲述者薇薇安·佩利(Vivian Paley)精辟而富有洞察力的观点,鲍登鼓励并邀请我们以微小的、相互关联的方式进入自然和奇妙的世界进行探究。

到树林里去仔细看看。

深秋是探索石墙的好时机。

大多数孩子都觉得昆虫很有趣。冬季是培养这种兴趣的理想季节。因为这样一来,就不用担心蜜蜂、黄蜂、蚊子、黑蝇的干扰了。在你带孩子们探险之前,他们应该知道自己要寻找什么。

在孩子们精力旺盛的那一天,带他们到户外去挖一棵安妮女王的花边植物。为了寻找营养物质,它长长的根一直延伸到地底下。把它挖出来可要费不少工夫呢!

有时候，在给孩子们展示青蛙卵之前，我会先给他们看一个煮熟的鸡蛋。他们能感觉到蛋壳的坚硬，甚至把蛋壳剥下来。然后，我们把鸡蛋和蛙卵进行比较。这让孩子们觉得太不可思议了，它们都是卵！

以上这些经历让孩子们体会到自然和地方教育中最重要的东西——逐渐唤起孩子们的注意力和专注力、好奇心和快乐、分析与反思能力、个人探索和合作探究的能力以及对信息、数据、概念的筛选和整理能力。这种自然学习既简单，又优雅，还很深入——"到树林里去仔细看看"，寻找"一棵北美短叶松"，"离地大约15厘米高"，明白"它现在的体形并不能显示它过去的辉煌"那是因为"它要的不多，所以它能很好地生存下来"。

鲍登的书沿袭了伟大的自然作家亨利·戴维·梭罗（Henry David Thoreau）的著作。梭罗早在100多年前就曾歌颂大自然的神奇和美丽，并指出人类密切而敏锐地观察环境能带来保护自然的能量。梭罗从观察大自然中获得灵感："再次看到从黄褐色的大地上铺展开来的嫩绿是多么令人鼓舞啊！我与大自然一同苏醒；她的胜利也是我的胜利。这是我的珍宝。"（1856年4月3日）（Rorer，2010，p. 33）他重新调整自己的观察能力，调动所有的感官去关注和洞察动物的生活："我站在吐着泡泡的青蛙（远处的梦想家）旁边。它们有时是断断续续的，伴着颤抖的声音。我不时听到它们之间小鸟般的对话。显然，它们在求偶。"（1852年5月5日，p. 59）梭罗磨炼语言能力来记录和诠释自己的所见所闻和所感。

> 我在沟里看到一只彩色的乌龟，它正在啃着一朵被冻伤的黄色睡莲的叶子（在水中），叶子已经变白了。其他的叶子显然也被它啃过，边缘有许多扇贝形状的缺口或凹痕，跟这只乌龟下颚的形状一模一样。（1860年5月24日，p. 74）

梭罗的观察、详细的记录以及优美的描述向我们展示了他的求知欲、好奇心以及各种感官和能力的升华，如观察、思考和感受、辨别自然界中的各种模式、关注特例、创造隐喻、绘制大自然中的各种循环和季节的变化。

自然与探究

我们可以延续从梭罗到鲍登等人的探究路线，重点关注自然和探究，为儿童提供具有发展适宜性的高质量科学教育，并帮助儿童更好地理解和认识科学教育中的核心经验。这样的科学教育注重创新的课程整合，旨在提高儿童的观察能力、问题解决能力和反思能力。它还能通过以下活动提高儿童的思维能力和智力水平，如对自然物和人造物进行分类（岩头和木棍），观察和认识自然变化（分解），研究时间和生长的关系（植物生长的速度），弄清楚顺序或阶段（青蛙的一生），认识颜色和形状（树叶的四季变化），关注规律和共同特征（动物的足迹和鸟类的叫声），解决问题（动植物如何适应不同的环境），偶然遇到的新发现（发现植物隐秘地生长），以及对动植物世界发生的历史变化提出假设（恐龙究竟经历了什么）。

本书是一本独特的文集，汇集了当前最前沿的教育理念和教育策略，将探究性和思考性的自然教育与教师探究、记录和反思的过程联系起来。它指出，强有力的自然教育是被概念化的，需要依靠充满好奇心、有思想的教育者去构思和实践，这些教育者不仅学识渊博，还对观察、记录和反思儿童的自然学习以及他们自己的教学实践充满热情。

如果你是幼儿教师、园艺教师、自然和户外学习指导教师，抑或是有兴趣将自然教育与探究式学习或是跨领域的学习结合起来的教育工作者，那么本书是专门为你量身定做的。你如果是学前教育专业的教师，开设自然研究、幼儿科学教育、教师的观察与记录、幼儿园课程以及探究与反思性实践等课程，就会对本书感兴趣。

本书强调通过适宜的课程设计、课程计划以及相关的教学策略将自然与幼儿教育中的探究联系起来。本书还通过呈现有效的观察手段、记录方法和反思策略将这一课程重点凸显出来。课程与探究、记录的结合通过教师的反思性实践，构建了一幅教师和儿童共同学习的美好画面。

本书所指的自然，包含对自然界的各种属性、事物、现象和过程的主动学习和发现。我们不仅可以在乡村、森林、溪流、山川、树林中寻找大自然，也可以在室内、玻璃容器、书籍以及显微镜下寻找大自然，还可以在郊区和城市——高架铁轨下、城市小溪里、城市公园的岩石和原木底下、城市公园的树木和灌木丛以及城市周边的野生地区寻找大自然，更可以在花园以及由教师和其他人设计与建造的环境中寻找大自然，如专为儿童设计用于户外探索和游戏的学校场地或公共区域。我们甚至可以在儿童搭建堡垒、城堡、秘密基地、聚集地和安静角落的那些隐蔽的空间里寻找大自然。

同时，我们也认为，自然与地方教育是相互联系的（Sobel，2005），后者"教有关自然和建筑环境的知识"（p.5），包括"整个社会和环境中的历史、民俗文化、社会问题、经济以及审美"（p.5）。与此相关的是，我们还将自然与可持续农业种植和生物多样性联系在一起，并且通过体验和理解自然界发展的历史和规律来思考整个生态系统及其设计原则。这一观点还关系到培养或剥夺个人与土地、自然的文化和社会联系，正如可持续农业专家马娅·布洛（Maya Blow）所说：

> （在学习可持续农业种植的过程中）我们讨论了水和社会农业，也讨论了我们的家族中的谁种植粮食以及他们为什么离开祖辈留下的土地。对很多有色人种来说，大家都有共同的创伤：祖先的离开是因为他们被那种文化抛弃了吗？（Fancher，2019，p.A7）

马娅·布洛通过历史视角来讨论可持续农业种植，并强调文化流失与当前关于自然、健康和疗愈的一些观点是相关的（Akom，2011；Ginwright，2016）。

本书将自然教育与教师探究、记录以及反思性实践整合起来，让我们能够更广泛、更深刻地理解自然教育的力量。本书所提及的"探究"一词有两个不同但相互关联的含义。首先，它指儿童富有意义的高质量学习。探究式学习能让儿童探索"大概念"，即他们对周围世界的疑问以及那些指导科学家、自然学家和哲学家理解周围世界的核心问题。将学习作为探究需要引人入胜的课程、环境和教学策略，需要与儿童的发展水平相适应，还需要与儿童的语言、文化和所在社会的传统与优势相适应。探究式学习也来自儿童自身的兴趣——哪些东西是他们认为有趣的、令人着迷的、让人困惑的——或者是来自个别儿童或某些儿童独特的发展路径。世界上没有一模一样的探究式学习过程、学习活动或者学习项目，效果最好、最持久的探究式学习来自孩子们，你需要为他们量身定制。有效的探究式学习，虽然在它刚出现时看起来比较特殊，但依然聚焦于所有学习的核心问题：世界是如何运作的？我如何融入世界？事物是如何相互联系在一起的？什么导致了变化，它的影响是什么？

书中"探究"的第二个含义是指教师为什么以及如何对儿童的自然学习和我们自身的教学进行观察、记录和反思。正如梭罗和鲍登等人所说，强有力的观察涉及所闻、所见、所感、所想之间深入而敏锐的互动。我们正是依靠这些能力观察儿童的语言、行为和社会交往，从而弄明白他们的学习情况的。记录是教师探究的核心要素，它包括如何使用语言（书面笔记）、图像（照片）、儿童作品（儿童的作品以及游戏案例）以及发现的各种物体（岩石、树叶、动物的踪迹），记录关键的时刻、要素以及儿童在自然学习和发展中的精彩想法。

将自然学习与探究相结合必然是跨学科的，它涵盖儿童发展的各个领域，如语言、艺术、社会文化与情感以及认知和智力等。当儿童提出问题并且想要一探究竟时，他们对记录、比较和交流想法的需求也随之产生。我们通常认为婴儿、学步儿、幼儿园儿童对思考、设计或者动手做尚处于"准备"阶段，但是本书的许多例子向我们展示，当儿童对一些重要而有意义的想法进行探究时，他们的表现完全有可能超乎我们的想象。因此，教师也同样面临挑战，他们需要重新认识儿童的能力，并在自主游戏、领域教学以及教师引导的活动之间不断转换。

本书的观点并非源自某一个理论视角，案例和教师的反思恰恰让那些核心的理论生动起来，这些理论促进我们理解儿童是如何学习的，如：列夫·维果茨基（Lev Vygotsky）关于儿童思维、语言以及两者相互作用的观点；让·皮亚杰（Jean Piaget）关于儿童逻辑思维能力发展的观点；现代认知科学关于神经通路如何通过建立经验、思考和记忆之间的明确关系而发展的观点；由薇薇安·佩利等教育家提倡的关于游戏和故事的力量与重要性的观点；以及像莉萨·德尔皮特（Lisa Delpit）之类的先驱者所认同的那样，学习从根本上来说是一种文化活动，倡导所有儿童，特别是有色人种的儿童，获得与他们现在和未来生活相关的强有力的学习经验。

本书还回应了全美幼儿教育协会（National Association for the Education of Young Children，NAEYC）关于发展适宜性实践、推进幼儿教育公平以及幼儿教师的专业标准和能力等最新立场声明中的重要观点和建议。书中所提出的理论与实践阐述了自然课程从构思到实施的重要基础，即全面认识和支持儿童不断发展的智慧与能力。同时，我们也认识到，并非所有的幼儿园都具备高质量、有意义的自然教育。对许多教师、儿童以及家庭来说，获得有意义的自然教育的机会是不公平的且存在差异。因此，我们提出，自然教育与教师探究、记录和反思之间深入而敏锐的联系是推进自然教育和地方教育公平的基石。我们坚信，正是这种联系为教师提供了持续的专业成长，让教师能不断地评估和改善自身的教育实践，以满足所有儿童及其家庭在语言、文化、社会、教育等方面的需求。我们还强调，自然教育与探究的结合为实现一系列教师专业标准和能力，丰富教师对自然教育的认识，提升教师的观察、记录和评估能力提供了另一条有效途径。

60年前，美国生物学家兼作家蕾切尔·卡森出版了她不朽的著作《寂静的春天》[1]。卡森的开创性著作标志着现代人开始关注环境，因为卡森向世人发出警告，我们对地球的肆意漠视和对自然的破坏将给环境和世界带来重重危险。她写道："在人类对环境的众多破坏中，最令人震惊的是用危险甚至是致命的原料对我们赖以生存的空气、土壤、河流和海洋造成污染。"（p. 6）60年后，我们仍然要牢记卡森的警告和呼吁，保护环境就是保护全人类。卡森所说的"人们还没有清楚认识到对环境造成威胁的本质是什么"（p. 13），如今依然是

---

[1] 该书的简体中文版由南方出版社于2017年出版。——译者注

这样。因此，我们要从学前教育阶段最年幼的孩子入手，寄希望于提高他们的"认识"，让他们知道为什么以及如何保护地球和人类的未来。任何有价值的自然科学课程以及对课程的学习都要以此为最终目标。

本书将幼儿园自然教育、科学和探究整合起来，并分享了相关的故事、理论、实践和教学策略，热诚地欢迎你来阅读和品味。我们相信，本书将为你开展自然教育和探究提供行动指南和灵感来源，也相信本书的智慧将让你和儿童在未来的许多年中受益无穷。

本书的结构

本书由四个主题组成。第一部分以"科学、自然和探究：理论与实践基础"为主题。在第 1 章中，斯蒂芬妮·西斯克-希尔顿提供了基础内容，阐述了有效的儿童科学与自然学习和发展的主要理论和原则。在第 2 章中，丹尼尔·R. 迈耶描述了探究、记录和反思的过程，并讨论了数据收集、分析和表征的重要方法。

第二部分以"环境即教师"为主题。在第 3 章中，卡米尔·T. 邓吉以自己的孩子为观察对象，记录了婴儿如何学习科学与自然，并批判性地探讨了成人在培养儿童的自然学习中所扮演的角色。在第 4 章中，吉塔·杰沃登讨论了她与一所城市幼儿园的孩子们共同参与的一个自然探究项目，以及她的自然教学如何基于她童年时期在斯里兰卡的自然经验。在第 5 章中，达西·坎贝尔（Darcy Campbell）、凯尔茜·亨宁（Kelsey Henning）和肖娜·汤普森（Shawna Thompson）讲述了美国旧金山普雷西迪奥国家公园的一所私立学校里儿童的一系列探索和保护自然的故事。在第 6 章中，帕特里夏·沙利文（Patricia Sullivan）描述了一名儿童对乌鸦的评论如何引发一个与种族、种族主义和肤色歧视有关的自然探究项目。

第三部分以"自然为表征与艺术创作提供支持"为主题。在第 7 章中，安娜·戈尔登采用多种叙事方法，讲述班上的儿童如何探索美国弗吉尼亚州郊区私立学校附近的森林和野生环境的故事。在第 8 章中，安娜·戈尔登所在学校的幼儿教育主管马蒂·格雷维特描述了绘制地图在儿童探究式自然学习中的魅力。在第 9 章中，让·门多萨（Jean A. Mendoza）和丽莲·凯兹（Lilian G. Katz）提出了他们对项目教学法的观点，以及项目教学法与探究和记录之间的关系。在第 10 章中，实习教师伊索罗·M. 埃斯卡米拉、撒哈拉·冈萨雷茨－加西亚和艾丽西亚·阿尔瓦雷斯探讨了学习故事如何帮助我们理解美国旧金山公立幼儿园中双语儿童的自然探究。

第四部分以"自然教育中的儿童自主"为主题。在第 11 章中，梅布尔·扬（Mabel Young）记录了位于旧金山普雷西迪奥国家公园的一所公立幼儿园里学步儿探究自然的过程。在第 12 章中，希瑟·B. 泰勒讲述了森林学校里的探究过程让她对儿童自然学习的理解变得更加深入。在第 13 章中，贾纳·沃尔什描述了探究的方法如何将语言和自然教育融合在一起，并运用于幼儿园的教育实践。

从第 3 章到第 13 章，每章的开头用方框将"科学与自然核心要素"以及"探究的核心要素"分别列举出来。希望你在阅读每章的这两个方框时，留意那些你认为特别有价值的要素，并在阅读的过程中记住这些要素。祝你阅读顺利，愿本书能帮助你在教育实践中不断地深化和扩展自然教育与探究之间的联系。

目录

第一部分 科学、自然和探究：理论与实践基础

第1章 儿童早期的科学、自然和探究式学习 ········ 3
- 警告：怀旧情结的弊端 ········ 8
- 通过相互关联的经验构建领域知识 ········ 11
- 发展语言以支持理解 ········ 14
- 参与探究：在儿童主导的经验与成人引导的经验之间
  进退自如 ········ 16
- 是游戏，还是科学 ········ 18

第2章 自然教育与探究、记录和反思的力量 ········ 21
- 自然与探究——关键原则和策略 ········ 21
- 有目的地用心教 ········ 21
- 探究循环 ········ 23
- 提问与陈述——以探究为重点的语言 ········ 26
- 专业合作与对话 ········ 28
- 观察和记录 ········ 28
- 结语 ········ 40

第二部分　环境即教师

第 3 章　婴儿与自然：婴儿的注意 …… 43

第 4 章　克服恐惧：踏上自然之旅 …… 55

　　对自然与探究的热情和兴趣 …… 56

　　探究与自然——开启我们的旅程 …… 57

　　从周围环境开始 …… 59

　　各种各样的壳——建立在自然体验之上 …… 64

　　克服恐惧，开启自然课程 …… 71

第 5 章　自然地表达：与自然对话的儿童和教师 …… 73

　　我们的幼儿园 …… 74

　　在大自然中的探究循环 …… 75

　　一棵受伤的树的故事：通过自然探究培养儿童的地方感 …… 82

　　火花 …… 83

　　记录 …… 84

　　回顾和验证想法 …… 85

　　接下来探究和保护环境 …… 88

第 6 章　发现黑色的光辉与美丽 …… 89

第三部分　自然为表征与艺术创作提供支持

第 7 章　在森林中探索：野生环境对童年的影响 …… 101

第 8 章　把森林画在地图上：通过记录推动自然探究 …… 111

　　对树木和森林视而不见 …… 112

　　森林之窗：第一扇窗 …… 113

　　森林之窗：另一扇窗 …… 114

　　最终：森林及其特点 …… 115

　　关于地图的故事 …… 116

　　关于蛇树的故事 …… 121

结语 ································· 123

第 9 章　自然教育与项目教学法 ····················· 125
　　项目教学法简介 ····························· 126
　　与儿童一起开展自然项目 ······················· 129
　　开展项目的三个阶段 ·························· 129
　　自然项目的优势与挑战 ························ 136

第 10 章　自然教育对双语儿童语言发展与探究的支持 ········ 141
　　我们的幼儿园 ······························ 143
　　探究与学习故事 ···························· 144
　　从整体的角度看自然教育的价值 ··················· 145
　　通过学习故事捕捉儿童的学习 ···················· 146
　　家族语言中与自然有关的回忆 ···················· 148
　　一则学习故事——阿泽尔和乌龟 ··················· 149
　　发生了什么，事件的背景是什么 ··················· 150
　　儿童的行为或者活动意味着什么 ··················· 151
　　延伸活动的契机和可能性有哪些 ··················· 151
　　预期发展概况测量指标（2015） ··················· 152
　　从观察、讨论到表征 ························· 153
　　科学探究与年幼的双语学习者 ···················· 155
　　意想不到的结局 ···························· 156
　　结尾和最后的反思 ··························· 157
　　学习故事的价值 ···························· 158
　　教师的探究 ······························· 158

第四部分　自然教育中的儿童自主

第 11 章　促进学步儿的自然探究 ···················· 163
　　在大自然中散步 ···························· 165
　　对香蕉蛞蝓的认识和探索 ······················· 166

第一次接触 ·············· 167
　　掀开花盆 ·············· 169
　　对香蕉蛞蝓的表征——图形表征的力量 ·············· 171
　　用黏土表征 ·············· 174
　　放大的香蕉蛞蝓 ·············· 175
　　分享自然发现 ·············· 178
　　科学讨论的艺术 ·············· 179
　　思考——我们学到了什么 ·············· 181

第12章　从恐惧到自由：森林学校中的冒险与学习　183
　　我的自然体验 ·············· 184
　　我在森林学校的调查与探究 ·············· 188
　　"谷仓里的小动物"——一个关于独立的故事 ·············· 190
　　"鳟鱼"——一个关于积极学习和共同冒险的故事 ·············· 194
　　结语和展望未来 ·············· 198

第13章　研究自然　201
　　背景介绍 ·············· 202
　　自然日志项目 ·············· 205
　　地方感和归属感 ·············· 205
　　故事感 ·············· 209
　　真正的读写 ·············· 213
　　最后的思考 ·············· 217

后　记 ·············· 219
参考文献 ·············· 223
编者简介 ·············· 225

第一部分

科学、自然和探究：理论与实践基础

第1章

儿童早期的科学、自然和探究式学习

过去的10年里出现了一股写作热潮,作者们振臂高呼孩子们需要"回归"大自然并享受可自由支配的时间。虽然从某种程度上,这种呼吁反映了人们对过去的怀旧情绪,即使这种过去从未真正存在过,但是它有力地反击了当前日趋规范化和正式化的幼儿教育。本章将探讨自然教育在儿童早期学习中的地位。例如,儿童从接触大自然中收获了什么?当接触大自然的机会被限制时,儿童会失去什么?当我们争先恐后地让儿童为将来的学业做好"准备"时,为什么要放慢脚步,花时间关注广泛的、混乱的且不受控制的户外活动?儿童在大自然中拥有相对自由的时间,想要了解儿童在这段时间发生了什么,就必须关注环境和人类互动之间的复杂关系。

年龄从18个月到5岁不等的12名幼儿陆陆续续地从一辆面包车里走了出来。他们径直走过一个色彩鲜艳的游乐设施。是什么如此引人入胜,让他们对操场上的游乐设施几乎视而不见?几个年龄稍大的孩子开始指向游乐设施以外的地方,年龄稍小的孩子跟在后面。原来是一群鹅,它们在地上啄食,在游乐设施旁边的草地上悠闲地踱步。当几个孩子开始模仿鹅一摇一摆地走路时,大家都咯咯地笑了起来。黛安娜老师指了指鹅优美的长脖子。"所以它们能把头弯下来吃食物。"4岁的斯蒂芬说。两个孩子学鹅一样低着头,好像在找食物。其间,没有一个孩子追赶鹅群。队伍继续前进，当他们感觉到水域就在附近时便加快了脚步。当一小段海滩映入眼帘时，孩子们开始向前奔跑。从海滩上可以看到帆船码头和工业造船厂的遗迹。这就是城市中的大自然。沙滩、海湾、螃蟹、海鸥，还有远处的人行道、起重机和储油罐。然而，孩子们仍然专注于自然世界，就好像身旁的公路远在千里之外一样。

从小组互动到独自探索，再回到小组互动，孩子们的注意力自由转换。一个孩子在海边发现了小螃蟹，很快几个孩子就聚集在一起。5岁的乔舒亚拿起一把大铲子，轻轻地舀着海水，也想抓住一只螃蟹。很快，五个孩子开始尝试用不同的方法抓螃蟹，包括2岁的斯特拉，她把双手合在一起，一边舀水一边自言自语"螃蟹"，但始终在能真正抓到螃蟹的地方之外。

黛安娜老师发现一条已经死去的黄貂鱼被冲上了岸，于是孩子们的注意力转移到了由老师主导的关于死去的生物的讨论上。孩子们问这条鱼活着的时候住在哪里，它现在是否还会蜇人。老师和孩子们一起思考这些问题。但是4岁的雅各布坚持要捉螃蟹，他来到黄貂鱼小组大声宣布："我捉到了一只螃蟹！"他重复了两次，顿时孩子们的注意力又转移到螃蟹身上。孩子们先是围着雅各布的水桶，羡慕地看着桶里的螃蟹，然后回到海边，每个孩子手里拎着一个桶，模仿他抓螃蟹的方法和动作。随着孩子们陆陆续续地抓到螃蟹，其中的许多孩子离开了抓螃蟹小组，转而关注自己桶里的小生物。

朱丽叶，我4岁的女儿，似乎到海边之后才第一次注意到我，她给我看她桶里的螃蟹，并告诉我："妈妈，我正在检查它们是活的还是死的。我刚才把树枝伸进去，但是螃蟹没有夹住，所以我想它们可能死了。"她的朋友阿里安娜也拎着一个装了螃蟹的桶过来，她们俩和螃蟹玩起了"房子"游戏。"我们要好好照顾它们，它们才不会死，"阿里安娜说，"它们需要毛毯。"她开始用沙子盖住螃蟹。"不，不，它们真的是活的，阿里安娜。"朱丽叶回答说，看上去很担心。"它们需要健康的食物。"阿里安娜说，于是她们开始一起找东西喂"蟹宝宝"，从而避免了一场争论。

第 1 章　儿童早期的科学、自然和探究式学习 · 5

幼儿对抓蟹工具和方法的尝试

18 个月大的艾登坐在沙滩上，一开始完全专注于挖沙子和感受沙子的质地。几分钟后，他把注意力集中在观察大孩子们身上。他看着哥哥姐姐们在水里蹚来蹚去，之后他举起一只手示意让老师牵。他抓住海伦老师的手，蹒跚地向海边走去。当他开始用张开的手掌拍打海水时，击打水面的声音和感觉让他笑了起来，海伦老师和他说着悄悄话。

4 岁的拉娜注意到身旁 2 岁的斯特拉，海水已经淹到她的膝盖。拉娜伸出一只手，把斯特拉牵到海岸边，对她说："不能再往里面走了，斯特拉。"

大约 45 分钟后，老师注意到一些年龄较小的孩子有点累了。她拿出葡萄和动物饼干给孩子们，慢慢地，孩子们三五成群地坐了下来，他们一边吃东西，一边望着海面。有几个孩子太忙了，舍不得停下来吃点心。乔舒亚正在和伊恩老师一起搭建巨大的沙堡和护城河。雅各布在堆沙堡和收集海洋生物之间来回切换。斯特拉如此迷恋水,她只匆匆地吃了一颗葡萄,就又立刻回到海边拍打水花。

　　吃完点心,孩子们各自散开去寻找下一个项目。突然,沙堡组的孩子们兴奋地欢呼起来。他们挖出了一条水渠,可以让水从沙堡的一个炮塔顶端一直流向海湾。看着水流沿着漫长的水渠蜿蜒而下,成人也惊叹不已,目瞪口呆。接着,大家都急着去拿水桶,连学步儿也发现了自己力所能及的事情:把水桶装满水,等着轮到他们,然后把水倒在水渠里,惊奇地看着水顺着水渠往下流淌。

　　正当大家玩得尽兴时,海边的一个水桶不见了。穿着牛仔裤的伊恩老师勇敢地冲到水中想要救起水桶,很快他就走到齐腰深的水里。他笑了,紧接着四个年龄较大的孩子也加入了,"这群幼儿园的孩子"像鸭子一样在他身后涉水而过,他们全身都湿透了,但仍兴奋地叫着、笑着,因为他们都穿着自己的衣服下水了。几分钟后,他们回来了,过了一会儿就各自散开了。

丢失的水桶为冒险和学习水中运动提供了机会

斯特拉由于太小没法跟着这群幼儿园的孩子一起下水找水桶，可她很想到水里去。她发现可以蹲下来，感觉就像在更深的水里一样。于是她蹲下来，开始在水中行走。她边走边拍打水花，笑得合不拢嘴。接着她摔倒了，哭了起来。海伦老师伸出一只手把她牵到岸边，哭声立即停止，她在岸边站了一会儿，紧紧地牵着海伦老师的手，向后退了几步。

很多年前，我女儿所在的幼儿园组织了一次去海边的远足，我有幸与他们同行，在那次远足中，我观察到了以上场景。不得不说，这至今仍是我最喜欢的场景之一，它充分说明了自然环境以及成人的指导对幼儿学习的重要性。我们住在一座被大城市包围的小城里。"柳树街幼儿之家"是一个家庭托儿所，位于公共交通车站附近的一间小房子里。周围的高架铁轨和24小时停车场比任何所谓的"自然"都更引人注目。然而，这个托儿所里的幼儿与自然界有着深刻的联系，正如他们在城市海滩度过的安宁而又充实的3小时一样。

托儿所的创始人黛安娜·比克哈姆（Diana Bickham）多年来一直努力探索各种各样的方式，试图将孩子们的生活与城市环境中的自然世界联系起来。从某种程度上说，她是靠完全不害怕带着孩子们出远门来实现这一点的。几乎每周，托儿所的12个孩子都要步行、骑三轮车或者乘坐6人婴儿车，经过两个街区到当地的农贸市场去与农民交谈，伴着当地的音乐跳舞，品尝他们中的一些人，包括我自己的孩子，在家里不太可能品尝到的食物。几乎每周，他们都挤进一辆面包车，探索当地的公园、海滩和其他自然环境。即使在不离开柳树街的日子里，他们的日常活动也充满了对自然世界的探索。托儿所的院子里种满了各种各样的植物，既可食用又可观赏，许多都是孩子们亲自种植、照料和收获的。高架铁轨下面的树丛和竹林可供孩子们探索，树木的大小正好适合幼儿锻炼攀爬技能。黛安娜的房子里还有各种各样的小动物，有些是"常驻居民"，有些是"游客"。每年，孩子们都观察蚕宝宝从卵中孵化出来，他们从后院的一棵桑树上采桑叶喂蚕宝宝，看着蚕宝宝神奇地把自己缠绕在蚕茧中，目睹它们成为一只只家养的、飞不起来的飞蛾。家长们来接孩子的时候通常会发现，孩子们要么让蜥蜴站在自己的肩膀上，要么在帮黛安娜遛狗，要么在给兔子喂蒲公英。在这间小房子里，你会有一种特别强烈的感觉，那就是一切都被照顾得好好的，包括孩子、动物、植物和周围的环境。

这样的地方会发生什么样的学习呢？探索自然界对儿童的学习和发展有何帮助呢？这两个问题的答案来自我自己在科学教育和儿童发展方面所做的研究。同时，在下面的理论框架中，我还将探讨儿童在可以实现想法的学习环境中的表现。我将结合柳树街幼儿之家的具体案例来阐述儿童的科学想法是如何形成和发展的。

警告：怀旧情结的弊端

在思考自然教育对儿童早期的作用时，我们必须思考自己对"自然"的理解是怎样帮助我们，或者怎样阻碍我们实现教育目标。教育工作者和研究者通常比较关心，在教育目标和结构的假设范围之内，我们到底在讲谁的故事。他们指出，围绕自然教育的大部分话语都基于一个假想的、与大自然联结的"黄金时代"，并没有反映出大多数人的实际经验。那些提倡更多且更好的自然教育的人把证据一条条准确地列出来，例如，当前大多数人都远离自然，增加在大自然中的时间和体验对身心健康大有裨益（Louv，2008；Sampson，2015）。然而，新的观念认为，就在不久前的一段时间里，全人类尤其是美国的儿童，与自然互动的方式没有任何问题。迪金森（Dickinson，2013）在倡导自然教育的一篇极具影响力的文章中提出了"怀旧情结"，讲述了他们那一代人的童年时光，在科技进步和千禧文化规范出现之前，一些儿童可以自由自在地到处游玩，并且在人们的眼里，儿童与自然界有着深刻的联系。

卡恩（Kahn）用"一代人的环境失忆症"描述人们把自身所经历的一切

视为"正常"现象，无论是原始的、古老的森林还是河流，虽然美丽依旧，但河水已经被污染得不能饮用或捕鱼了。"环境失忆症"这一概念有助于解释成人是如何形成一种理想化的观念，总认为前几代人的童年更天真，与自然世界的联系更紧密。事实上，美洲环境退化的历史至少可以追溯到第一批欧洲殖民者的到来，他们试图"驯服"所遇到的陌生环境和人。卡恩的评论指出，每一代人都倾向于将自己的童年视为"正常的"和理想的，这其实忽视或淡化了在那之前就一直存在的环境不公。

在20世纪初的几十年里，诸如白人、中产阶级、男性、异性恋、健全的自由经验之类的字眼同样令人不安，当时的法律和文化规范决定了有色人种、女性和女童可以去哪些地方以及可以做哪些事情。与狂野、无拘无束的童年有关的回忆，大多属于那些在成长过程中不用担心基本安全或经济来源的特权阶级。我们如果围绕这种片面的怀旧情结来构建自然教育的话语，就可能忽视事实，例如，谁有权进入自然空间，人们如何做出保护环境的决定，以及如何使农业、牧业和渔业等人类或自然活动具有意义（Flessas & Zimmerman，2017）。当提及儿童的自然体验时，谈论以上话题听起来未免有些复杂和沉重。然而，儿童从出生那一刻起就开始形成归属感和地方感。因此，对设计和促进儿童活动的人来说，他们务必要思考自己的眼中是否有儿童，心中是否有儿童。

还有其他的故事能帮我们开阔视野，了解更多关于人类与自然互动的历史经验，包括卡米尔·T. 邓吉的诗集《黑色的自然：四个世纪的非裔美国人自然诗歌》(*Black Nature: Four Centuries of African American Nature Poetry*，2009)，这些故事能帮我们重新定义人与自然的关系。当思考怎样才能最好地支持儿童在自然世界中的体验和成长时，作为成人，我们必须摆脱怀旧情结，从更加多元和复杂的层面上理解人类在历史上大部分时间里与自然的关系，这种关系令人困惑，也是治愈的，同时是不断变化的。

卓有成效的儿童早期教育的一个关键要素是建立和加强儿童与周围事物的"联系"：与他人的联系、与知识的联系以及与周围更广阔世界的联系。

从认知的角度看，强有力的联系可以提高记忆的有效性，并支持更复杂和抽象的思维活动以及问题解决能力。从社会情感的角度来看，联系关乎人们如何建立稳定感和安全感，这些情感有利于心理弹性和自我调节能力的发展。我们需要将儿童与大自然之间的联系放在一个更广阔的结构中去思考，那就是儿童如何理解他们在世界中的位置。要做到这一点，我们无须缅怀事物"过去是怎样的"，而是需要深深地沉浸在儿童的生活中，因为他们现在正在与大自然建立联系，而且这种联系刚刚开始。

从以上这些不同的角度思考柳树街幼儿之家的例子。当然，高架铁轨下的常春藤和竹子，还有那片被房屋和炼油厂包围的小海滩，与我们心目中的原始自然环境相差甚远。如果这个地方更荒凉、更开阔，也更适合（一些）儿童自由探索，那么人们的怀旧是可以理解的。然而，美国加利福尼亚州北部的环境退化早在数百年前就已经开始了，拿第二次世界大战之前来说，那时柳树街所在的郊区还没有建成，既没有如田园般的美景，人们也没有提供任何指导或采取任何措施来改善儿童与大自然的接触。而柳树街的周边地区进行了包括给埋在地下的溪流"采光"，建造绿色海岸线以及在非本地居民世代繁衍的地方种植本地植物的环保措施。采取这些措施的最终目的并不是要让环境恢复到20世纪中期的水平，而是要在当前建立起人与自然之间更明智和更具可持续性的相互关系。同样的道理，寻找和利用大自然并不是让儿童简单地重复20世纪儿童的自然经历，而是让他们关注、体验，把真实的自然与自己的世界联系起来，甚至构建未来世界的愿景。

接下来，我们将探讨儿童通过在大自然中的经验建立自身与周围事物之间联系的三种主要方式：复杂的、相互关联的感官经验；语言发展与社会联系帮助儿童解释各种经验；形成探究的立场，从而建立融通的世界观。这个框架的核心在于儿童现在和将来如何与自然进行互动，而不是回到儿童"应该"如何与自然进行互动，要基于儿童在特定的时间和空间里所表现出来的好奇心，所具备的知识和经验。

通过相互关联的经验构建领域知识

当儿童接触大自然时,会发生什么样的学习呢?想想本章开篇案例中朱丽叶和阿里安娜关于螃蟹的对话吧。两个孩子都相信桶里的螃蟹是"活的",并且按照自己的想法行事。对朱丽叶来说,因为她知道活螃蟹有时会夹东西,于是她试着让螃蟹夹一根树枝。阿里安娜则专注于她对人类父母如何照顾小生命的理解,因此她试着给螃蟹盖上一条沙"毯"。这一举动让朱丽叶很不高兴,因为她知道螃蟹需要空气。最终,她们在没有任何冲突的情况下继续游戏,因为她们都认为有生命的螃蟹需要吃东西。

通过这样的对话,这两名幼儿不仅运用了她们已有的关于螃蟹的知识,还运用了一些更抽象的概念,比如是什么让物体具有生命,以及如何照顾有生命的物体。她们与螃蟹互动的经验,以及彼此互动的经验,不仅能巩固她们对事物的认识,还能增加新的知识。朱丽叶遇到的这只能活动但不用钳子夹东西的螃蟹也许会拓展她对生物的判断依据。两名幼儿在如何照顾生物上的短暂分歧能让她们的想法相互碰撞,这会增加她们对生物的认识,例如,生物需要什么才能生存,以及不同生物之间的需求有什么异同。

这种互动向我们展示了幼儿随着时间的推移建构知识和理解的复杂方式。每当学习者接触一种新的经验或一个新的概念时,大脑就会把它与学习者记忆中的其他概念和经验联系起来。经验越丰富、越难忘,概念之间的联系就越强。认知科学和儿童早期发展领域的研究人员已经证实,正是通过这种方式,持续学习才得以实现,学习者能够一步一步地思考、建构和保留更复杂和抽象的概念。

几十年来,传统观点认为幼儿不具备抽象思维能力,而且事实上,许多关于早期学习的决策仍然是基于这一假设。然而,现在有重要的证据表明,即使是非常幼小的孩子也能进行概括,做出预测,得出推论,或者从事抽象的心理活动(Fay & Klahr, 1996; Gelman, 2003; Metz, 1997)。这些高级思维能力似乎更多来自知识和经验的作用，而不是年龄的作用。当然，一个典型的3岁幼儿在大多数领域没有表现出抽象思维的迹象，因为他们可以运用的知识非常有限。但是，只要我们提供复杂的、难忘的、社会性的、内容丰富的经验，帮助幼儿建立知识基础，并鼓励幼儿在知识之间建立联系，我们就能培养幼儿在这个知识领域的抽象思维能力。

需要注意的是，"批判性思维"等概念和其他复杂思维的一些特征具有领域特殊性（Gelman & Brenneman，2004）。也就是说，一个学习者可能在某个特定领域很好地表现出批判性思维，而在其他领域，这种推理能力似乎超出了他们的发展水平。就像一个成人预测某一事件结果的能力（比如，450℃的烤箱对饼干面团产生的作用，或推动火箭进入太空所需要的推力）往往依赖某个领域的内容知识（烘烤或物理）。同样的道理，幼儿的能力取决于他们对某一特定现象的基本认识和经验。一个在海边玩耍长大的学前儿童，如果将沙堡刚好堆在涨潮时紧实的沙子和不远处干燥蓬松的沙子之间，那么他可以描述和预测潮汐运动将如何影响自己正在建造的沙堡。没有这种经验的同龄儿童，甚至年龄更大的儿童，会在遥远的海浪开始吞噬沙堡时感到困惑。同样，拥有不同文化体验的儿童在抽象思维方面也有着显著的多样性，这一发现并不是指向某些经验的优越性，而是指向儿童最初如何感受这个世界，当他们还是婴儿时，如何形成未来推理能力的基础（Carstensen，Zhang，Heyman，Fu，Lee，& Walker，2019）。无论是3岁的幼儿还是成人，抽象思维和问题解决能力的发展都依赖丰富而复杂的学习经验。

在知识、技能和情境之间建立联系是必要的，以使新的学习帮助我们建构复杂的理解（Duschl，Schweingruber，& Shouse，2007；Metz，2008）。当给儿童一组物品，并要求他们按颜色、大小或其他属性进行分类时，他们无法把这个活动与更广阔世界中的有意义的活动联系起来。可是，当孩子们研究海滩上贝壳的多样性时，他们会对贝壳属于哪种动物进行思考，并根据找到的新证据不断地调整自己的认识。在这样的情境中，整理和分类对儿童来说是有意义的、重要的以及令人难忘的。当儿童有充足的时间去探索和体验自然现象时，尤其是让他们与同伴交流，或与知识渊博的成人交流，他们就能更好地形成问题解决能力，以及思考"大概念"的能力（Metz，Sisk-Hilton，Berson，& Li，2010；Sanders-Smith，2015）。

知识与经验之间的联系越强、越显著，儿童的理解就越具有灵活性，他们也就越容易记起和运用这些知识。在朱丽叶和阿里安娜的案例中，她们以前谁都不太可能照顾过螃蟹。她们之间的对话基于她们对其他生物有哪些需求的已有认识（如食物和毯子）。她们努力将这种新的生物整合到已有的认识中。当阿里安娜试图在螃蟹的身上盖"毯子"时，这与朱丽叶对有生命的动物有哪些需求的理解是不一致的，这个动物与洋娃娃或人类的婴儿不同。她说："不，不，它们真的是活的。"这表明，她认为阿里安娜把它们当作玩具或其他并非"真的"生命体。在这一刻，两个孩子正在完善自己关于生物与非生物以及动物需求的认知结构（Gelman & Lucariello，2002）。

在这些微小的瞬间，我们见证了儿童在自然界中的经验对支持其认知发展带来的巨大作用。自然界中的一切不是完全受控制的。动物的行为既有可预测性，也有不可预测性。潮汐是可以预测的事件，但某一次的海浪可能会令人惊讶，这就需要建造沙堡的孩子们不断修正他们对最佳地点的预估。黛安娜·比克哈姆向我们解释了，她认为孩子们是如何通过每周多次回到"玩沙区"来学习的。"玩沙区"是高架铁轨下的一个小型游戏区域，周围是供孩子们攀爬的小树、树丛和小竹林，有时还有小松鼠出没。

我真的觉得孩子们很喜欢探索，而且事实上大自然不会给你一成不变的设计。第二天总是不一样，永远都是。这是大自然与生俱来的天性。所以如果你第二天去，你会发现太阳在不同的地方，树也不同，天气也不同，接着孩子们陆陆续续地来了。他们的兴趣可能是建立在已经完成的事情（或一个新想法）上。你和他们保持对话，他们就不会漫无目的或不知所措。当孩子们意识到自己拥有如此多的自由，并得到教师的关注和回应时，那真是太完美了。

正如黛安娜描述的那样，正是重复经验的可预测性和环境、儿童以及儿童之间对话的不可预测性，让他们建立起胜任感和对周围世界的理解。

当儿童有机会建构重要的内容知识时，他们就能够对事物进行推理，否则这种能力是远远超出他们已有的发展水平的（Duschl et al., 2007, p. 53）。在自然世界中的经验能鼓励儿童积极探索和理解周围环境的意义，促进儿童对科学概念的理解，以及对科学的认识方式的掌握。正如上文中黛安娜所提到的，这些经验中有一个关键要素，那就是教师对儿童语言的支持。这是我们接下来要讨论的主题。

发展语言以支持理解

儿童在推理方面的不足源于其有限的经验，不仅是思考的经验和对物体的经验，还有语言的经验。随着时间的推移，思考各种观点和观察各种现象为儿童学习词汇和话语模式创造了具体的情境，帮助其加深理解并让其更好地参与探究。格尔曼和布伦尼曼（Gelman & Brenneman, 2004）描述了一所幼儿园的课程，即明确地教孩子们什么是"观察、预测和验证"，并告诉孩子们这是探索自然和物理世界的方法。孩子们基于自己的已有认识开展一些简单和复杂的实验。与之同样重要的是，教师教给孩子们一些相关术语，并鼓励孩子们用日益丰富的语言进行描述和比较，从而为孩子们交流想法提供支持。格尔曼和布伦尼曼提道："让我们感到非常惊讶的是，孩子们（在相关的情境中）竟如此容易地使用了看似很难掌握的新词。"（p. 153）想想看，许多学前儿童都能记住一长串鲜为人知的恐龙名字。词汇本身不是大多数儿童的障碍，但是儿童必须拥有与之相关的经验和机会来使用这些词汇，这样专业词汇才能成为他们常用词汇的一部分。

当然，词汇只是语言发展的一个方面。参与不同形式的对话也同样重要。仅让一群儿童在自然环境中自由活动，并简单地教他们所发现的物体的名称是不够的。相反，幼儿园教师的一个关键角色是鼓励儿童根据自身经验参与不同类型的对话。柳树街幼儿之家的教师就是"我想知道"对话类型的大师，这种类型的对话鼓励儿童和教师进行预测和交流想法。在海滩之旅中，我听到好几次这样的对话，包括下面这段对话，发生在旅程的最后孩子们路过一群鹅时。

黛安娜（注意到鹅的脖子弯向地面）：我想知道，它们是不是在下面找什么东西。

斯蒂芬：虫子呀。黛安娜，它们找虫子是因为它们吃虫子。

康纳：找虫子！

朱丽叶：或者，妈妈，鹅吃虫子还是吃草？

斯蒂芬妮：我不知道。你能看看它们在吃什么吗？

朱丽叶：我想它们在吃草。斯蒂芬，看，它们在用力拔草。

斯蒂芬：或者是为了找虫子。因为虫子生活在草地里。

在那一刻，孩子们的注意力再次转移，谈话就此结束。但在短短几秒钟内，两个孩子对他们所观察到的鹅的一个动作目的做出了预测，而第三个年龄更小的孩子，则通过倾听和模仿参与其中。在接下来的几周里，他们肯定会看到更多的鹅，并且很可能再次提起这个话题。与此同时，回到学校后，他们将观察吃桑叶的蚕宝宝，吃蟋蟀的松狮蜥蜴，或许还有寻找食物的小松鼠。在每一个情境中，教师都可能发起"我想知道"的对话。渐渐地，孩子们通过语言和与他人的对话来建构自己的理解。

"如果……会……"这类句式的对话能鼓励孩子们进一步开展调查，这是培养语言能力和掌握科学方法的一种方式。当柳树街的孩子们和伊恩老师一起建造沙堡时，伊恩老师发起了这样的讨论，并支持孩子们发起对"如果……会……"的思考。例如，他边想边说如果他们把水倒得更快些会发生什么。两个孩子争先恐后地想试试这个主意，只有5岁的乔舒亚首先和伊恩老师讨论了他的预测。后来，一个孩子建议两个人同时倒水，伊恩老师说："哦，这可能会更快。"这其实是教孩子们要根据观察进行预测。

"我想知道"和"如果……会……"这种类型的对话与格尔曼和布伦尼曼提出的支持学前儿童语言发展和科学知识建构的"观察、预测和验证"的框架是相似的。教师不仅鼓励儿童验证想法，还鼓励他们与同伴交流，非正式地比较各自的想法。儿童这样做时需要新词汇来表达想法，教师就会起到一个非常关键的作用，那就是在合适的时机把词汇教给儿童。柳树街的教师很少对儿童"说教"。相反，只要有机会，他们就会与儿童进行真正的对话。这模拟了"现实世界"中人们相互交流的方式。孩子们成为交流和知识建构的伙伴。这些基于特定情境的、恰到好处的对话让孩子们既能听到，又能参与到越来越复杂的推理和理解世界的过程中。

参与探究：在儿童主导的经验与成人引导的经验之间进退自如

布鲁斯·艾伯茨（Bruce Alberts，2000，p. 4）在主张科学教育应以探究为导向的经典文章中，提出通过探究的方式进行教学，也就是"允许学生构思一个通过科学发现可以解决的问题，在告知他们答案之前务必要求他们尝试可能的解决方案"。乍一看，这种描述似乎更适用于正式的科学课堂教学，而不是儿童早期科学教育。然而，儿童在自然世界中的活动往往是探究式学习的精彩范例。儿童通常还没有学会耐心地等待成人对一个令人困惑的现象给出"答案"。从某种程度上说，这可能会让3岁的孩子比16岁的孩子更容易参与探究。与年长的孩子不同，大多数学前儿童不需要外界的激励就能对一个令人费解的现象产生自己的想法。

让我们暂时回到柳树街的孩子们在沙滩上堆沙堡的情景。刚开始的时候，伊恩老师坐在沙滩上堆沙塔，他把一个杯子装满湿沙子，然后把杯子打开，把沙子倒在沙滩上。乔舒亚很快加入进来，在没有任何提示的情况下，他模仿伊恩老师的动作，自己建造了一圈沙塔。接着，伊恩老师开始用一系列的护城河把这些塔连接起来，并通过对话了解到乔舒亚对沙堡的兴趣，以及他有关护城河的已有知识。乔舒亚拿来一桶水，填满了护城河。当水流冲垮低洼处的护城河墙面，并渗进沙子里的时候，乔舒亚感到很惊奇。然后，他和伊恩老师一起加固护城河的城墙。在第二次尝试中，城墙保持住了，但是水流要么被沙子吸收，要么停留在护城河最低处的一个"水洼"里。这时，乔舒亚兴奋地叫了起来，示意一群孩子过来观看并加入。很快，几个孩子开始取水，看着水沿着不同的路径从高处往低处流动，并根据结果修复和加固护城河的城墙。当孩子们的注意力开始分散时，伊恩老师介入了，建议孩子们挖一条水渠，让水能够一路流向海里。孩子们开始迫不及待地开展这一工程，他们尝试并体验重力、水的运动，甚至"水花四溅"。在给水桶装水时，他们能越来越准确地把水装到自己能拿得动并且不会溅出来的高度。总的来说，这个活动持续了一个多小时。一些孩子进进出出，另一些孩子则在整个过程中稳定地参与。

堆沙堡活动让孩子们对水在斜坡上的运动进行探究

在让越来越小的孩子掌握各种"技能"的竞赛中，我们有时忘记了，当孩子们有机会尝试各种想法和摆弄各种材料时，尤其是当一个成人或更博学的人轻轻地推动他们朝着新想法努力时，他们的技能就会得到惊人的提高。

堆沙堡活动向我们展示了，在自然环境中而不是人工环境中，幼儿通过游戏的方式开展基于情境的探究式学习。孩子们可以自己掌控沙子、水流、几个桶和铁锹，最重要的是，有一位成人愿意在孩子们需要的时候教给孩子们更重要的能力，并且追随孩子们的想法。刚开始，一名儿童参与一个非常典型的堆沙堡活动，模仿教师，并在堆沙堡的过程中开始观察沙子和水的特性。当儿童堆沙堡时，他对材料的经验导致了一些问题，伊恩老师通过与儿童共同思考以及偶尔提出建议来帮助他解决这些问题。这就让活动从堆沙堡逐渐转变为观察水流在不同形状和不同坡度的水渠里的运动。活动的最后，孩子们测试了水量对水流速度的影响，获得了特定情境下的、令人难忘的科学知识。

教师在支持这类探究活动中所发挥的作用是至关重要的。在没有成人在场的情况下，孩子们也许能在某种程度上对水流进行探索。然而，他们可能缺乏将不同的想法付诸实践的能力，也可能不会将彼此的"好奇心"组织起来并锲而不舍地寻找答案。作为活动的参与者，而不是简单的发起者或"总指挥"，伊恩老师鼓励孩子们以一种可能超越自身能力的方式大胆试验。

自然界中的重复经验，再加上成人不同程度的指导，教会了孩子们如何对自然现象进行思考，即根据已有知识和经验进行预测，再根据获得的证据修正原来的想法。就像语言能力和数学能力一样，在这个迫切需要问题解决者和知识建设者的世界里，这些都是"基本能力"。

是游戏，还是科学

观察儿童在大自然中的学习是一件愉快的事情。在我观察柳树街的孩子们的大部分时间里，他们"只是在玩"。他们在沙滩上跑来跑去，有时停下来思考黄貂鱼，有时只是感受海边潮湿紧实的沙子和海滩上柔软的沙子之间的区别。他们有时讨论生物和非生物的区别，有时只是坐在那里凝视着海面。然而，正是因为有充裕的时间体会和感受，孩子们最终才能了解周围的世界。正如接下来的章节所阐明的,"游戏"和"科学"深深地交织在一起。儿童在假想世界和现实世界中进进出出,一会儿假装和仙女们一起冒险,一会儿检查他们可能要居住的树桩。我们无须阻止这种想象和直接观察的混合。另一方面,我们也不必假定儿童只生活在幻想和虚构的世界里。孩子们"仅通过玩"(NAEYC,2009)来思考一些大的、重要的概念。通过将这种游戏置于既有稳定性又有变化性的自然空间,让孩子们讨论他们所注意到的、好奇的东西,我们可以帮助孩子们提出并回答他们关于世界如何运作的大问题。

儿童早期教育者一直都知道,游戏拥有和教师一样强大的力量,研究也证实了这一点。那些在支持性社会环境中有大量相对自由的游戏时间的孩子,往往比那些经历更多限制、"正规"的学习方式(而不是游戏)的孩子,在学习成绩和社会性发展方面都表现得更好(Sanders-Smith,2015)。在审视高质量儿童早期教育项目的公平性和获得性时,这一点尤为重要。从最初的学校经历开始,儿童获得支持其长久知识建构的丰富、多元的学习环境的机会就是不平等的,学校为儿童提供的知识和经验的类型也是不平等的,这些知识和经验造就了所谓的"学校式"知识(Delpit,2012)。因此,努力为最小的儿童提供以自然为基础的教育,是为解决长久以来学习机会不平等而迈出的一小步。

此外,游戏为孩子们提供了有效的途径,他们可以将自己的文化知识和经验带到学习中。儿童在大自然中的很多活动实际上具有普遍性,如体育游戏、徒步旅行、野营、钓鱼。但是,活动如何开展会受到文化的影响,例如,不同的文化群体以不同的方式思考人类和其他动物之间的关系(Dickinson,2013)。在大自然中游戏可以让儿童在自己的文化知识范围之内理解周围的世界,并通过社会交往拓展想法。要弄明白儿童是如何通过在大自然中游戏来学习的,我们需要进一步理解什么是身处自然,什么是与自然互动。与国家公园或更田园的环境相比,在高架铁轨下的竹林中玩耍似乎没有那么重要。但对儿童来说,比起瞪大眼睛盯着不太受人类活动影响的自然奇观,通过为期一年的户外活动关注竹子发生的变化,探索竹子上有什么,竹子旁有什么,也许是更有力的学习经验。

基于我们对儿童如何学会理解周围世界的初步认识,儿童早期教育者完全有机会改变关于什么才是"好教育"的对话。一些相对简单的方法,如鼓励孩子们走出校园去学校以外的社区,有助于培养儿童与周围世界互动的自信,同时为有计划的和"恰到好处"的探究创造机会。儿童不一定需要正式的课程,但他们需要丰富的、开放的环境,以及与他们一起探索周围世界的教师。黛安娜·比克哈姆在描述儿童每周去附近的农贸市场时总结了这种方法。

我想我能说,他们完全沉浸于学习农产品中了(笑),因为这一切都很好,但是(值得关注的东西实在是太多了)。现在,他们对一小块三面有停车场的土地很感兴趣,一块种着各种植物的土地。孩子们试着从一棵树上收集尽可能多的蜗牛。那是一棵爬满了蜗牛却长得还不错的树。我认为蜗牛藏在树里面,所以他们捉到了很多蜗牛。一切还在继续。我们买了一些水果,我们经常有东西吃。我想这就是整个旅程,就是散步。一路上,我们经过许多喜欢的地方。有一个地方的泥土非常滑,从树上掉下来的小橡子种子让地面非常滑,所以总有人摔倒。然而,我们会说:"这里很滑,你愿意先坐下来,然后滑下去吗?"他们会说"不",然后就摔倒了。我觉得很有趣,他们想用这个来挑战自己,所以我们不光是为了去农贸市场。一路上,大家有说有笑,边走边唱……每次都一样,但每次又不一样。

正是这种常规活动与新奇体验的循环,这种"每次都一样,但每次又不一样"的循环,赋予了儿童安全感以及建立新认识的热情和动力,让儿童把新的认识与已有认识联系起来,最终成为具有深刻理解和关心周围世界的人。

第 2 章

自然教育与探究、记录和反思的力量

自然与探究——关键原则和策略

本章将探讨利用探究来构思、教学以及反思儿童自然教育的一些基本原则,着重讨论探究循环的作用、开展探究的模式、探究的工具和策略以及学习故事。在介绍每一个探究要素时,引用了早期教育者的实践案例,他们从事婴儿、学步儿、幼儿园儿童和小学低年级儿童的教育工作。本章也将提及后面各章介绍和讨论有关探究的内容。

有目的地用心教

在自然教育与探究和反思之间建立有效而有意义的联系,与我们把自己当作主动学习者的认识密切相关,与我们对自然教育和地方教育中那些微妙且经常隐藏的时刻和事例的关注密切相关(Sobel,2015;Stribling,2017)。生态学家和自然学家德鲁·拉纳姆(J. Drew Lanham,2016)分享了他对自然的热情:

我为何而活？我最终意识到，要想有所作为，我必须走出去，潜心创作，并重新专注于我激情的根源。如果要保留一克土壤、一只麻雀或一公顷的森林，我们就必须采取行动促进发展……帮助他人了解，自然像巨人一样呼吸，它是循环演化的，其生态系统充当着器官的角色，而其中的生物——包括人类在内——是对其生存至关重要的细胞。我希望我能以某种方式感动别人，无论他们是谁，无论他们在哪里，让他们发现自己在大自然中被放大了（p.6）。

现在来看看一些儿童早期自然教育研究者的观点，看看他们如何延续拉纳姆的热情。例如，婴幼儿教师申娜·罗迪欧（Shenna Rodeo），她发现通过将自然和探究联系起来，教学方法以及她与儿童之间的关系都发生了巨大变化：

我已经了解到，在我所见证或参与的学习和教学过程中，用心关注一些细节是非常重要的。我十分珍惜我新发现的耐心、观察技巧，以及对孩子们的工作、游戏和互动的专注。同时，我对自然产生了极大的敬意，因为自然以其独特的方式对人的一生产生直接影响，唤起人的情感，并作为一种媒介激发人的反思和艺术思维。

斯蒂芬妮·斯托达德（Stefanie Stoddard，2012）是一名幼儿园教师，她在有关自然和探究的初体验中的感受和见解如下：

作为一名幼儿园教师，我从未想过自然在教育实践中扮演着如此错综复杂的角色。我们的学校坐落在繁华的街道中央，位于旧金山市中心的四层楼高的地方，四周被铁丝网栅栏环绕着，往往看不到周围的美景，也想不到教学中的每一个难题都有自然的身影。在教学中，我尝试运用一些新的策略，比如在计划时更有目的性，在实践中反思，放慢脚步，观察即时的变化、逐渐产生的变化，比较和对比儿童与我自己在自然中的感受及体验。

对于本书第10章的作者之一伊索罗·M. 埃斯卡米拉（2012）而言，将自然教育与探究联系起来，加深了他与儿童之间的关系。

我开始倾听孩子们说话，并意识到这么多年来我虽然一直在听，但并没有真正倾听过孩子们。我意识到必须花时间反思，真正倾听孩子们及其声音和想法，思考他们的观点意味着什么，以及这种倾听的能力和开放的态度如何支持孩子们作为学习者的成长。

埃米莉·布戈斯（Emily Bugos）是一位经验丰富的婴幼儿教师，她对开展有目的的探究尚处于新手阶段，她意识到，将儿童的自然探索与探究和反思联系起来，首先要激发自己对自然的兴趣。于是，埃米莉进行了一系列的户外远足，并做了笔记，拍了照片，以此记录她早期的自然探索。

> 在这次的自然之旅中，我感到平静，怀旧之情涌上心头。我感到自己不仅与周围的环境联系在一起，也与我的记忆联系在一起。尽管我在这条路上远足过好几次，但我还是看到了新的风景，体会到了新的感觉。我不禁想起一直以来我为儿童提供的自然活动——每次走出教室，他们都有什么体验呢？他们学到了什么？户外空间对他们的情绪有什么影响？对我自己的情绪有什么影响？我想让他们感受到我在那次远足中所感受到的那种平静。我希望他们能有新的、令人兴奋的发现，我想让他们感觉到自己与周围世界深深地联系在一起，并对周围世界充满好奇。

探 究 循 环

探究、记录和反思的总目标是"自觉地改善"教学实践（Hatch，2006，p. 2）。成功而有力的探究遵循了安德鲁·斯特里梅尔（Andrew Stremmel）提出的灵活且具有结构化的循环（见图2.1），这个循环包括提出问题或难题，制订探究计划，收集数据，分析和反思数据，以及反思教学中可能出现的变化（Hatch，2006；Henderson，Meier，Perry，& Stremmel，2012）。

尽管并非总是能够在所有基于自然的探究项目中完成此循环，但基本目标是让儿童专注于整个过程中的某个方面，并随着时间的推移完善和深化儿童对探究的认识。

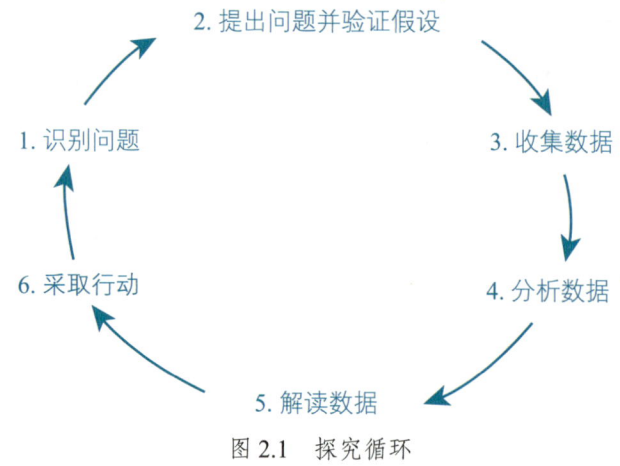

图 2.1 探究循环

一个好的起点

你可以在很多好的地方开始自然探究,但是找到合适的探究目标和一个舒适的、"可行的"探究过程需要一定的时间、计划、经验和反复尝试。在这一节中,我将描述儿童早期自然教育研究者开始自然探究的各种方式。

带着目的,从小处着手

婴幼儿教师埃米莉·布戈斯主动将自然、探究、记录以及反思联系起来,作为工作的新重点。埃米莉希望自己在为婴幼儿创设户外环境时更有目的性,因此她开始在教学日志中写婴幼儿观察笔记,把在户外环境中观察到的一切以及她与婴幼儿互动的情景记录下来。埃米莉开始为婴幼儿安排晨间散步时间,带着婴幼儿围着幼儿园走一走,并用照片和视频记录散步时的情景。在实践指导教师的帮助下,埃米莉还开始在教室里观察某个特定的孩子,以便更好地了解他的社会情感需求,并且每天观察和记录他在入园时以及室内外过渡时间里的表现。埃米莉想用多种方式记录婴幼儿在学校里的自然体验,以及她如何使户外游戏与婴幼儿一日生活更有机地结合在一起。

> **埃米莉的自然日志**
>
> 我把恩佐从婴儿车里抱出来之后,他站在草地上,草地柔软而又高低不平,他轻轻地摇晃着身子,走了几步就跌倒在草地上。他坐下来,触碰草的叶片,用手掌在上面轻轻地抚摩。我们周围有一些粉色和白色的花,我摘了一朵递给他。"看,恩佐。一朵小花,你觉得怎么样?"我问他。恩佐伸出拇指和食指抓住花瓣。他把小花举起来端详着。"噢。"他说。我俯下身去闻花香,在闻花瓣时我故意发出声音。恩佐把花拿下来,把手放在腿上,盯着我看了一会儿。然后他又把花举起来,大声叫道:"哇!"他把花举在面前。另一位教师坐在那个方向,她问:"你是想给我看你的小花吗?它有粉色和白色的花瓣,你感觉如何?"恩佐重复了一声"哇",然后继续观察那朵小花。

在写观察记录时,埃米莉的目标是让自己的观察保持客观和清晰,不加入自己作为事件的见证者或参与者的观点,也不加入自己对于恩佐在那一刻的想法或感受的观点或假设。

自发探究

本书第 6 章的作者帕特里夏·沙利文利用探究和教学档案探讨了社会公正、公平以及自然教育之间的重要交叉点。帕特里夏与孩子们的自然探究始于一个孩子对一只鸟自发的评论。

> **帕特里夏的自然日志**
>
> 戴维喜欢斯特勒松鸦,因为它们有很酷的莫西干发型和蓝色的眉毛。它们有时从树上看着我们,模仿老鹰的叫声吓走松鼠,让它们不敢吃坚果。当真正的老鹰出现时,它们会冲向树林,发出危险的警告。突然,鸟儿们一下子全飞走了,戴维和我透过玻璃窗盯着天花板栏杆上方的树枝,这时一只鸡那么大的乌鸦悄悄地停在了上面。

> "哦,不!"他说,脸上充满了恐惧和担忧。"那可不是一只好鸟!"
>
> 他呆住了,惊慌失措,但显然想要跑出去救那些松鼠,可松鼠们仍然坐在那里,完全没有意识到危险。
>
> "你为什么觉得乌鸦不好呢?"我问。
>
> "因为它长得黑漆漆的。"戴维回答道。

戴维的这一句简短评论促成一项探究项目,帮助孩子们了解动物世界中的颜色歧视,以及它对人类关系中的种族和偏见的影响。

计划更广泛的探究焦点

约翰·尼莫和贝丝·哈利特(John Nimmo & Beth Hallet,2008)想研究一家位于大学校园里的托幼中心的自然课程和种植园如何整合"社会阶层、残疾和社区支持"(p. 36)。尼莫和哈利特希望增加儿童户外冒险活动,增加儿童对自然界中与同龄人和成人之间不同关系的体验,以及转变教师对参与自然教育的观念。此外,通过与学校的多样性、公平和偏见工作组合作,他们希望帮助儿童进一步理解儿童和家庭与自然和种植园之间多样化的关系。尼莫、哈利特及该中心的教师们记录了他们和孩子们讨论与园艺、自然教育相关的社会和文化差异时的重要对话。例如,一位教师参与并记录了与孩子们讨论全球住房的文化差异和环境差异时的对话。幼儿园还对家长开展了一次问卷调查,询问他们对食物、种植以及文化多样性方面家园合作的看法,并征求关于开展家园协作种植的建议和意见。

提问与陈述——以探究为重点的语言

专业的自然学家、生态学家、自然保护主义者等人在探究与科学工

作中是如何发问和提出自己的疑惑的？让我们再次想一想德鲁·拉纳姆（2016, p.5）：

> 什么是野性？野性即丰富多彩，包括拥抱和接纳自我。科学家所受的训练使我们习惯于面对每一个新发现都能引发更多问题。就像枫香树，不管人们怎么除掉它们，它们都能顽强地活下来。因此，我们所提的问题是持续不断的，基本上是无法控制的。不过，对于大多数问题，确实没有一成不变的答案。野性意味着活在未知之中。

在为自然探究设定最初的目标或框架时，没有一个放之四海而皆准的方法。你可以用一个问题、一组问题或是一段话开始探究项目，或者这些问题可能在项目展开后逐渐出现。有时，这些问题出现又消失，被更相关和更中肯的问题取代。

例如，埃米莉·布戈斯在户外远足时发现了一系列问题，并写下了自己的感想：

> 我不禁想起一直以来我为儿童提供的自然活动——每次走出教室，他们都有什么体验呢？他们学到了什么？户外空间对他们的情绪有什么影响？对我自己的情绪有什么影响？

埃米莉的问题是在她离开幼儿园的远足途中自发且自然地出现的。

另一方面，贝丝·哈利特和约翰·尼莫用一段话，而不是一个问题开始探究项目："我们想探索种植园对孩子们学习的重要作用"以及"分享我们与孩子们在种植园里探险的精彩瞬间，并从我们为孩子们设定的更大目标中汲取灵感——他们是谁，以及他们如何认识世界"。

提问和陈述都是有效的，但具体采用哪种形式，取决于哪种语言形式最有助于你开始自然探究，最能赋予你激情、动力和方向。

专业合作与对话

在自然探究工作的某个阶段，向同事寻求帮助，积极参与专业合作和对话，谈谈你的所见所闻以及这些发现如何帮助你更好地教学和带领孩子们开展活动，是很有帮助的。亚历克丝·达顿（Alex Dutton, 2012）是一所以新兴课程和探究为特色的幼儿园的资深主管，她认为"合作是做好项目的关键"，与同事进行交流，"他们可能从不同的角度看待孩子们的工作、对话以及想法"（p. 15）。在探究工作中，亚历克丝明白"一个项目的走向取决于我如何很好地倾听孩子们"（p. 10），以及她与同事之间的交流和对话。

我们可以通过很多方式开展合作式的自然探究。在合作探究的模式中，教育者们共同探究，并在教研活动中交流自己的发现和遇到的困难。高效的合作探究小组通常会制定一个会议制度，以便小组成员陈述和回应他们持续的观察、发现以及各种问题（Abramson, 2008）。合作探究的模式确实需要安排专门的时间和地点来碰面和交流，需要教师和管理人员坚持参加小组会议，并对彼此保持高度的信任，以及具有一定的冒险精神。

本书的许多作者为了进一步深入自然探究，定期与同事开展合作。例如，第 10 章的作者分享了他们的自然探究工作如何基于一个成立已久的教师探究小组，第 5 章的作者讨论了她们幼儿园的自然探究项目如何植根于学校有关学习与对话的基本原则。

观察和记录

本节将介绍几个工具，用以帮助完善观察和记录的知识与技巧。当你阅读本节时，请思考哪些工具看起来最有用，以及在你的自然探究中如何调整和运用这些工具。

录音——捕捉儿童的对话

儿童通过互动与交谈、借鉴个人经验、文化资产以及语言来了解和认识自然。例如，玛丽萨·努涅斯（Marissa Nunez, 2012）录制并捕捉了她班上的几名儿童关于小蜘蛛的一段对话。

亚历克斯：看，我们发现了小蜘蛛，蜘蛛宝宝。

丹尼尔：是的，蜘蛛宝宝。

亚历克斯：看，它们是黄色和黑色的。有这么多，太酷了！

丹尼尔：我想他们在睡觉。

亚历克斯：不，它们一定很冷，太阳还没有出来。

丹尼尔：不，它们想念它们的妈妈，它离开了。

亚历克斯：也许它去找吃的了。

丹尼尔：哦，比如西瓜虫。

亚历克斯：还有毛毛虫。

（梅甘，另一名幼儿，走过来加入亚历克斯、丹尼尔和玛丽萨的交谈。）

梅甘：老师，你在做什么？

玛丽萨：亚历克斯和丹尼尔发现了蜘蛛幼虫。

梅甘：蜘蛛幼虫？

亚历克斯：记住，它们是蜘蛛宝宝。看，它们很小很小。

丹尼尔：你小心点，轻一点。

梅甘：它们很害怕。

亚历克斯：它们不会咬人，它们还是小宝宝。

丹尼尔：它们的妈妈会咬人的。它去找食物了。

梅甘：那它们的爸爸呢？它去找食物了。

丹尼尔：我没看到它，也许吧。

玛丽萨用录音记录了这段具有年龄适宜性的对话，这一对话向我们展示了儿童自发讨论和试图解释自然现象的天赋，并为玛丽萨和孩子们提供了后续可以回顾和反思的文字记录。

照片

照片是一种强大的工具，可以用来捕捉儿童在自然探索和学习中的某一个或一连串瞬间。虽然教师和其他成人通常是主要的拍摄者，但是儿童也可以使用廉价的相机捕捉他们在自然探索中感兴趣的方方面面。例如，在第7章中，安娜·戈尔登描述了班上的儿童是如何对毗邻学校的森林中一处非常特别的地方进行拍摄和绘画的。

幼儿园主管亚历克丝·达顿（2012）发现，在自然探究中使用照片有如下作用：

- 专注于给儿童拍照时，就会从当下的教学情境中抽离；
- 捕捉儿童自然游戏和探索中的某一个动作或身体运动；
- 讲述一个故事，记录和体现随时间的推移儿童在自然学习中的发展；
- 为儿童研究那些不能被带回班级的自然物体和人工制品提供视觉参考；
- 重温照片以回忆对自然的探索和学习；
- 重温照片以获得新的见解、发现和反思；
- 补充与完善儿童的对话记录和教师所写的儿童自然学习故事。

下图是自然教育研究者们在自然探究中拍摄的照片。当幼儿园老师玛丽萨·努涅斯第一次观察到孩子们对学校草地上的蜘蛛幼虫着迷时，她拍下了照片以记录孩子们的发现。

蜘蛛幼虫

除了录音以外，照片也可以让玛丽萨退后一步，没有像平时那样直接指导孩子们的学习："我退后一步，让孩子们去探索。我倾听他们关于蜘蛛妈妈为什么不见了，以及蜘蛛幼虫吃哪种食物的解释。"

幼儿园老师阿德里安娜·奥乔亚（Adrianna Ochoa）记录了班上的儿童对花园里各种各样的鸟和蝴蝶所表现出来的浓厚兴趣。有一天，班上的一名儿童对一个蜂鸟的鸟巢特别感兴趣。

阿德里安娜和孩子们想把鸟巢留在外面，留给还没有回家的鸟儿们，因此照片为这个妙趣横生的作品提供了视觉记录，让他们可以一次又一次地反复观察。

蜂鸟的鸟巢

之后,孩子们开始对在教室里生长的蝴蝶感兴趣。到了让蝴蝶飞出去的时候,阿德里安娜注意到有一只蝴蝶的翅膀看起来不太好,她小心翼翼地展开蝴蝶的翅膀,当它准备起飞时,阿德里安娜让一名儿童伸出手把这只蝴蝶轻轻地托举起来。

准备起飞的蝴蝶

阿德里安娜的照片为孩子们捕捉到这个神奇的时刻，她的教学档案使得记录和反思更进一步。

一个孩子用手托举一只蝴蝶一定很神奇。记得小时候，我和朋友们一起在学校里找西瓜虫，在奶奶家的花园里找瓢虫，但无论如何，我也不会想到用手去托举一只蝴蝶。这对我来说绝对是一次很棒的经历，希望对这个小男孩来说也是一次非常有意义的经历，因为他是唯一一个在这只蝴蝶振翅高飞之前用手托举过它的人。

绘画

当鼓励儿童在自然中绘画时，我们其实是在提倡一种有效地观察、记录和分析的符号表征模式。绘画包括儿童的地图、对自然空间中各种结构的设计（Galizio, Stoll, & Hutchins, 2009）以及植物、动物和其他自然物的图画。儿童可以在自然环境中或是在教室里通过自然日志或简单的剪贴板记录绘画。他们的绘画还能借助于小型手持式显微镜或台式显微镜，以及灯箱和投影仪，这些设备可以将物体和观察场景的某些方面显示得更清晰、明亮。正如马西娅·巴格班（Marcia Baghban, 2007, p. 21）所观察到的，"儿童通过绘画和写作来组织想法，并从已有经验中建构意义"。

在自然教育中，当儿童创作展现自然元素（树枝、干花或鸟巢）、自然特征（蝴蝶的颜色）、自然过程（分解）、自然循环（从蝌蚪到青蛙）的艺术作品（绘画、口述、书写、标记）时，艺术和写作给儿童的自然探究增添了符号表征。本书的第10章和第11章详细介绍了儿童的绘画，第8章则描述了儿童的地图。

自然物

对自然物的观察无论是对儿童、教师，还是对家长来说，都是另一种强有力的记录、反思和学习方式。在自然探究中，当儿童完成对动物、植物、岩石、水域或其他自然元素的观察和记录时，我们通常会把自然物留在自然环境中。偶尔，我们也可以把自然物（掉落的鸟巢、蜂窝的一部分、干花、岩石、树枝、树叶、香蕉蛞蝓等）和动物带回班级或学校进行短暂的观察和记录。在自然探究中，把自然物和动物结合在一起对婴幼儿来说尤其有效，因为他们还无法使用口语进行描述和分析。例如，在第 3 章中，卡米尔·T. 邓吉谈到她发现年幼的女儿对自然物着迷。正如邓吉和其他自然探究者发现的那样，婴幼儿依赖于身体感官，并受益于对自然物的反复观察和摆弄，这些自然物真实、具体并且包含丰富的感官元素。

观察日志

日志是一种操作简单、高效的工具，通过书面笔记和照片进行观察、记录和反思。自然科学家伯恩·海因里希（Bernd Heinrich，2011，p. 38）对现场观察笔记的价值描述如下：

> 当我仔细观察鸟类或昆虫时，我的脑海中会突然出现一些生物学问题。我在寻找答案的过程中，精心地记录观察结果，这使我成为发现主题和问题的积极观察者，而不是单纯地作为自然的见证者。

日志也有助于人们带着审美的眼光和美感去观察、记录和反思自然之美。以下是亨利·戴维·梭罗在 1857 年 3 月 31 日的日志中描写的关于大自然中的片刻，摘录于《林间的池塘、泉眼和沟渠》（*Of Woodland Pools, Spring-Holes and Ditches*，Thoreau & Rorer，2010）。

> 当我爬上山的东边时，我听到远处隐约传来昆虫的低吟声，以及从山的西边传来的树蛙的呱呱声。渐渐地，不知不觉中，它们的叫声混合在一起，越来越大，这就是大自然苏醒的声音啊！如果你不仔细听它的第一个音符，你就可能听不到它的声音，而且，如果你没有听到它的声音，你的耳朵就只会习惯周围的各种响声，因此无论大自然的声音多么响亮和普遍，你最终都不会注意到它。此刻，我隐隐约约地听到它从橡树和松树那光秃秃的灰色树枝与光亮的针叶间传来，从远处黄褐色的田野上传来，它们是如此密不可分……

梭罗的日志很注重在大自然中的感官体验（"我听到远处隐约传来昆虫的低吟声"），聆听大自然的声音（"如果你不仔细听它的第一个音符，你就可能听不到它的声音"），描述的力量（"从橡树和松树那光秃秃的灰色树枝与光亮的针叶间传来，从远处黄褐色的田野上传来"），以及揭示大自然中的规律和关系（"它们是如此密不可分"）。

现在来看看一些儿童早期自然教育研究者的自然日志。学步儿教师布里安·斯图尔特（BreAnn Stewart）和同事用两个大型婴儿车带着孩子们沿着旧金山的海滨漫步，每辆婴儿车可以坐四个孩子。

> **布里安的自然日志**
>
> 每周二，我们都推着婴儿车去农贸集市。我和同事看到一个大西柚，于是掰了一些给孩子们尝尝。一个孩子把整个西柚举到鼻子前，闻了闻味道。在尝过西柚和柚子后，许多孩子还想要更多。当我们继续推着婴儿车前行时，我们发现渡轮大楼里有一个香蕉塔。一些孩子指着塔说："那边有香蕉。"当我们讨论不能尝香蕉时，孩子们变得很失落。回想起来，孩子们可能很困惑，为什么只能尝西柚而不能尝香蕉。

布里安在日志里写下了孩子们对闻水果这一感官体验的共同兴趣，以及孩子们对于不是所有水果都能闻所表现出的具有年龄特点的困惑。

正如科学家伯恩·海因里希提到的日志的作用，布里安也用日志记录了他们沿着码头散步时的日常经历和特殊体验。

> **布里安的自然日志**
>
> 几个星期以来，我们沿着码头走，很想找一艘行驶的小船，但一直没有找到，直到今天终于发现了一艘。我们在登船的闸口前停了下来，看着这艘船开动马达，驶离码头。突然，我意识到有一个孩子还在继续往下张望。我跟随着她的目光，发现船尾的水面上出现了很多泡泡。她轻轻地说了声"泡——泡"，因为这些泡泡看起来很像我们最近在教室里玩过的肥皂水泡泡。我惊讶地发现，这些泡泡吸引了她的注意力。我们看船的时候，她一直在看船后的泡泡。这不禁让我想到，作为教师，我们曾经多少次想让一个项目或活动产生某个特定的结果，却错过了孩子们创造的、属于他们自己的学习经验。

布里安用日志记录了一艘船的突然出现，观察了一个孩子自发地对水中的泡泡产生浓厚的兴趣，并反思我们很容易忽视孩子们真正的科学和自然发现，以及两者之间的联系。

玛丽·布迪尔（Marie Bourdier）是一名幼儿家长兼幼儿园教师，她在自然日志上记录了她与自己的孩子以及与班上的孩子们的自然经历。

> **玛丽的自然日志**
>
> 当我们开始徒步旅行时，我不禁再次注意到，一切都那么干燥和尖锐，但这创造了多么美丽的风景啊；关于这一大片米色和灰色，我有些话要说。我对这些蓟花感到好奇：为什么大自然让它们长成这样？它们要防御什么？它们没有一毫米是不带刺的，即使只有 1/3 的刺，也没有任何动物敢吃它们！我想知道迈克尔·波伦对它们会有什么看法，他在《植物的欲望：植物眼中的世界》中解释说，苹果种子是苦的，以确保该物种的生存，那么蓟花呢？我注意到，可能是前一周开始降雨的缘故，那些干燥和灰色的地方正在慢慢变绿，也许春天就要来了。我想，我要做的就是与同事讨论把小厨房或戏剧游戏区改成科学或种植区，为春天做准备。我感到自己精神焕发，关于工作的想法如雨后春笋般涌现，真想马上回到学校去。

玛丽的日志使她能够整合多种探究元素，包括直接观察（"我不禁再次注意到，一切都那么干燥和尖锐"），基于自然文学的思考（"我想知道迈克尔·波伦对它们会有什么看法"），对教学的新思路（"与同事讨论把小厨房或戏剧游戏区改成科学或种植区……"）。

幼儿园教师阿德里安娜·奥乔亚在照片中增加了自然日志。

---

[1] 该书的简体中文版由上海人民出版社于 2003 年出版。——译者注

> **阿德里安娜的自然日志**
>
> 今天早上,我发现了一只蜂鸟。我让孩子们和我一起悄悄地跟着这只蜂鸟。我们几乎不知道蜂鸟在我们这里的一棵树上筑了一个巢。我盯着它的巢看了很久,惊讶极了。我唯一见过的另一个巢是几星期前我从树上取下来的那个。比起那些非常小的蜂鸟巢,这个蜂鸟巢相当大。我对之十分着迷,而且一直想办法让孩子们多去观察。幸运的是,对院子里的这个蜂鸟巢,孩子们和我一样着迷。

通过日志,阿德里安娜记录了蜂鸟巢的出现带给大家的惊喜,由此引发了她和孩子们对这个事件的共同兴趣和关注。

诗歌

自然与诗歌的联系常常使人联想起极具感染力的意象和隐喻,重新回顾和感受人类在大自然中的感官体验。例如,在专业诗人尼基·乔瓦尼(Nikki Giovanni)的《冬天之歌》(Winter Poem)中,作者用"简单"的语言描述一个"简单"的自然现象,一朵飘落的雪花,同时使用了简单的叙述开头("一朵雪花落在了我的额头上"),感官体验("一大片雪将我包围"),情感("我爱他们")和人物身份的变化("我站着一动不动,仿佛自己也成了一朵雪花")。阅读和聆听她的诗,我们再也不会用以往的方式去观察、触摸或品味雪花;或者我们如果从未见过真正的雪花,不妨借助诗歌的魔法来体会一番。

诗歌是一种极好的方式,用以"固定"和保持从大自然中捕捉到的影像、情感、想法以及所见所闻。阿德里安娜·奥乔亚在日志中创作了一首关于蜂鸟的诗。

树 的 欢 喜

一只蜂鸟坐在树上

沉静于这一天的美景

期待着新的生活。

对幼儿来说，诗歌便于分享和理解，是对日志写作的有益补充。对成年学习者和探究者来说，诗歌是我们与大自然之间情感、个人以及文化联系所产生的共鸣。

故事和逸事

故事和逸事是观察与记录儿童自然体验和学习的另一种有效方式，也可以记录我们对儿童探究性发现的反思。人类学家卡伦·克雷默（Karen Kramer，2011）认为故事的价值在于它能提升观察力和洞察力。

> 虽然重复观察是科学的基础，但它们会使事物之间的联系变得模糊，使想象变得模糊。理解收集到的科学数据，需要对事物之间关系的线索保持警觉，而这些线索通常不在最初的研究问题之列。叙事本质上是寻找事物之间的关系……其中总会有一个故事，一个你百看不厌的好故事（p. 127）。

故事有助于我们记录儿童自然学习中的不同兴趣、教学过程以及家庭参与情况（Dutton，2012；Gallas，1995；Meier & Henderson，1997；Meier & Stremmel，2010；Paley，1981）。

回到阿德里安娜·奥乔亚的自然探究，她还写了一篇关于幼儿理查德的小故事，以及他对阿德里安娜早先时候发现的鸟巢所表现出的兴趣。下面是这个故事的摘录。

> 春天终于来了。孩子们和我们一起坐在小餐桌旁，一个惊喜正在等着他们。大家发现了一个鸟巢，孩子们围在一起小心翼翼地观察着。理查德也小心翼翼地穿过院子，到了桌子前，他从肖恩的肩膀上探出半个身子。"一个鸟巢！"他兴奋地喊道。大家把桌子收拾干净，理查德正等待着属于他的时刻，他双手握住鸟巢，把它翻了过来。"你在干什么？"我问。"我正在把鸟巢里的叶子倒出来。"他说。"你为什么把里面的树叶倒出来呢？""因为鸟儿会伤心的。"他说。我猜他的意思是鸟儿不喜欢巢穴很脏，就像大多数人不喜欢家里很脏一样。我不知道是该阻止他还是让他继续这么做。我正准备告诉他这个鸟巢已经旧了，鸟儿们早就已经飞走了，他却转过来对我说："把它放回树上吧。"

阿德里安娜还是把鸟巢放回了树上，理查德也跑去和其他孩子一起在院子里玩动物扮演游戏。阿德里安娜的故事拥有短小精悍的故事所具备的要素——有趣的角色（理查德、阿德里安娜、离开巢穴的鸟儿）、迷人的对象（鸟巢）、问题或困境（一个没有在树上而且看上去脏脏的鸟巢）、一个谜（鸟儿们去哪了）、外部口语对话（阿德里安娜和理查德的交谈）、内部心理活动（阿德里安娜猜测理查德不希望鸟儿的巢看上去脏脏的）以及叙事解决方案（理查德要阿德里安娜把鸟巢放回树上，这样鸟儿们回来时有家可归）。

写作与反思

在一个自然探究项目接近尾声时，无论是持续数天、数周还是数月，总结一下从哪里开始，去了哪里以及接下来的教学和探究计划通常很有帮助。幼儿园户外教育教师埃莉萨·卡尔文（Elissa Calvin）记录并探讨了她如何改善自己的角色和教学。

> 当开始这个探究项目时，通过自身经验与阅读有关自然和幼儿的文献，我已经认识到，在大自然中度过的时光对幼儿大有裨益。随着全国范围内课间休息时间的不断减少，一些幼儿园出于压力而引入学业学习，因此在大自然中的时间变得更加必要，也更难获得。我认为，我所在的学校对此并不重视，而且大多数班级每周都会带孩子们一起去普雷西迪奥（旧金山国家公园）散步。这种观念现在已经在我们的学校文化中根深蒂固了。曾经犹豫要不要走出校门的教师们，现在开始指导新手教师如何探索大自然。

在探究项目接近尾声时，埃莉萨对她的探究之旅进行了反思：

> 这个项目让我看到了自然环境可以通过哪些方式帮助孩子们在社交能力方面取得更大的成功。普雷西迪奥，我们后院的国家公园，提供了一个完美的场地，里面的环境多姿多彩，为孩子们提供了各种各样的材料和丰富的体验。我们一路步行，去看安迪·高兹沃斯（Andy Goldsworthy）的木雕，站在里昂大街的台阶上向下俯瞰恶魔岛，头上是高大而密集的树冠，脚下是成百上千个猫头鹰留下的食物残骸，还

有一片宽广的沙地，沙地上布满了倒下的枯木和树枝。每个地方都给我们带来了特别的礼物，如寻找骨头、爬树、树枝游戏以及认识昆虫和建造堡垒等。我希望我的课程能继续利用附近的普雷西迪奥国家公园及其提供的一切资源；也许还有一些我们尚未发现的地方，有助于开启新的课程或教学策略，帮助孩子们在社交能力方面达到新的水平。

结　　语

本章提出了一些关于观察、记录、反思的想法和策略，以此回应自然世界与人工环境在社会、教育和政治生活等方面的相互联系。对幼儿教师来说，这种相互联系蕴含着巨大的教学和专业成长的力量。当使用本章所提到的探究、记录和反思的工具时，我们可以重塑与孩子、家庭、同事之间的关系，以及我们学习和成长的环境。

在整合探究、自然和地方教育方面的成功，很大程度上取决于我们作为个人、多个社区的成员，以及与儿童和成人共同构建的自然经验和知识。通过探究、记录和反思，我们学会以越来越复杂的方式认识和记录自己在大自然中的发现，学习创建和使用更多的数据收集工具箱和分析工具，以发现教学以及与自然和地方的关系中的模式、联系、特殊情况、死胡同，还有峰回路转。希望本章能帮助你反思自己的目标，将探究与自然和地方教育联系起来，用新的想法和策略实现你的自然探究目标。本书的其余各章讲述了来自不同园所的自然探究故事，当你阅读这些章节时，请回忆本章所提到的探究思路和工具。

第二部分

环境即教师

第 3 章

婴儿与自然：婴儿的注意

工具栏 3.1　科学与自然核心要素

- 将在水族馆参观海月水母的新经验与日常自然体验（如在家附近散步）中获得的知识建立联系
- 提供复杂的成人语言，并让婴儿有机会用非言语的方式表达自己的意愿
- 在成人引导的经验与孩子主导的好奇和观察之间"进退自如"
- 发现大自然中令成人感兴趣的事物与令婴幼儿感兴趣的事物的区别

工具栏 3.2　探究的核心要素

- 知道何时不干预，只需认真观察在大自然中的婴幼儿
- 让婴幼儿按照自己的节奏和时间，追随自己的兴趣
- 使用口头语言与婴幼儿一起解释自然现象，或者向婴幼儿解释自然现象
- 阅读和解释科学读物与信息
- 让婴儿进行多感官体验

婴儿期是充满变化的时期。在这段时间，婴儿会带给你许多惊喜和奇迹。对婴儿来说，整个世界是古老的，永恒的法则统治着他和周围的每一个人；整个世界也是新的，任何事情都可能随时发生。观察世界的变化，探索它的神奇之处，可以深深地吸引婴儿的注意。作为一位家长，我正在学习通过孩子那充满敬畏的眼神，重新观察和体会这个世界。我正在学习作为成人如何把大自然带给最年幼的孩子，并帮助他们从一开始就关注和融入大自然。可以通过一些最基本的活动，例如，与婴儿一起散步，跟他们说话，鼓励他们游戏和探索，从而帮助婴儿认识大自然。只要给予适当的关注，父母和照料者就可以为婴儿早期的自然体验提供有效的支持。

观察世界的变化，探索它的神奇之处，可以深深地吸引婴儿的注意

帮助婴儿与周围的世界互动，最重要的步骤之一是要学会何时让路，何时不打扰他。我不断地提醒自己不要让我的成人视角和成人恐惧去引导我年幼的女儿接触这个世界。虽然我十分在意她的安全与舒适，但我也要学着

放手让她去追随自己的兴趣。我经常发现,她虽然很小,但能发现世界的美丽,而这些美丽往往被我忽略。寻找一条适宜的小路,然后让婴儿带着你走,这是婴儿和成人共同认识世界的好方法。

回忆我和女儿到加利福尼亚州科学院看海月水母的那一天。那天下午,科学院对公众免费开放,走廊里挤满了家长和孩子。在向目的地前进的过程中,我全神贯注地穿过拥挤的人群。女儿安全地趴在我的背上,所以她的视野大部分由我指引。我以为我们在看同样的东西,我在给她看展厅里最有趣的动物。

海月水母在水箱里飘来飘去,被一股肉眼无法察觉的水流引导着。水箱里的灯光增强了水母的生物荧光,使它们看起来美得不可思议。我被深深地吸引了,以为女儿也被吸引了。于是,我向她解释我们看到的情况,水母是如何移动的,它们吃什么以及怎么吃。我告诉她,这些水母没有骨头,没有心脏,也没有大脑,在这些方面,它们与她有本质上的差别。我告诉她水母与她也有相似之处。水母就像婴儿一样,靠进食和排泄维持生命。趴在我背上的女儿还了解到水母和婴儿一样,尚未发展出自我推进的能力,所以它们只能任由受到的各种力摆布,力把它们往哪儿推,它们就得往哪儿飘。

我把墙上解说牌的内容读给女儿听,既告诉她,也让自己明白。在女儿的陪伴中,我不必总是成为专家。我愿意问问题,阅读张贴的标语,并参考指南书。我的责任是确保信息的来源,这些信息将成为女儿今后学习的基础,所以我认为自己有责任了解信息,并向她传达我所知道的和我所学到的内容。也许和一个还没有语言能力的人说话看起来很傻,但很快她就会拥有语言能力,而且我将在很大程度上负责提高她的这一能力。

因为我想让她清楚地掌握母语,所以当我和女儿出去散步时,我喜欢指着一棵树,告诉她一些比"树"更多的东西。我想让她知道,枫树上有一些小豆荚,叫作翅果,看上去像气垫船的螺旋桨。我告诉她,我们家附近公园牌匾旁的树桩来自一个以此类树木命名的城市中最古老的橡树之一。我想让她知道,在这个公园里种植红杉是为了纪念现在周围山上那些第二代和第三代海岸红杉的远古祖先,人行道上的那些树是李子树,在春末秋初时会结出苦涩而坚硬的果实。只要我可以，我就会告诉她我所知道的关于周围自然的事实和历史。我尽可能地说出我所知道的名称，花、松鼠、鸟儿和蜜蜂，我试着跟她一起学习我不知道的东西。我得花点时间查找街对面的墙上那对长着叶子的双生花朵的名字。我希望女儿对语言和这个接受她的世界有广泛的了解。她对这两者的看法和态度将通过我所传递的信息进行表达，所以我觉得自己有责任尽可能流利地与她谈论她所生活的世界，向她传递一种精神，关心和爱护她在这个世界上所发现的一切，即使她现在还没有能力说话。

尽可能地为孩子讲解你对周围自然环境的了解

语言固然重要，沉默也同样重要。我必须教我的孩子，在这个世界上保持安静的重要性，让她的感官完全融入周围环境的重要性。最终，我停止了说话，让水母世界的寂静包围我们。像我们这样习惯了噪声污染的人，自然界的声音共振会变得相当惊人。起初，由于没有人类经常制造的声音屏障，一切似乎都很安静，但很快新的声音就会出现，这些声音就像人类的语言一样能教会我们很多东西。对我来说，尽可能地告诉女儿水母的奇妙之处是很重要的，但我知道，在某些方面，我需要闭嘴，让她在没有我干预的情况下，从自己的经历中得到她能得到的东西。

语言为婴儿赋予了一种理解世界的方式，在许多方面，这种方式与婴儿发展得最成熟的理解方式是不同的。婴儿对每天经历的新感觉很敏感，如微风将树叶吹到胳膊上的感觉，小溪的河床上被打湿的树叶散发出的潮湿气味，树叶在碎石上飘动的声音。对经常在睡梦中动来动去的小婴儿来说情况如此，对喜欢安静地观察和感受周围世界且即将成为学步儿的婴儿来说，也是如此。没有语言的世界为婴儿提供了大量的学习机会。你要尽可能多地调动他们的感官。

女儿需要通过视觉感知水母，因为婴儿通过视觉记录很多知识。这就是为什么许多以儿童为中心的动物园与水族馆都设有触碰池和抚摸区。用触觉感知世界是加深对世界的理解和联系的基础。在可能的情况下，带孩子到外面去，让他们直接接触大自然。在观察植物、动物或矿物的地方，如果触摸对婴儿来说是安全的，就让他们通过自己的双手来学习。如果触摸不太适宜，记住婴儿还可以通过身体的其他感官体验这个世界。我们静静地站在海月水母前，我能感觉到宝宝的脚后跟以一种模仿海月水母摆动的节奏拍打着我的臀部。她认真地看着这些生物在它们的世界里如何漂浮，她把这些认识带到自己的身体里。

看够了水母之后，我们继续前进。我健步如飞，穿过拥挤的人群，仿佛一道光穿过人头攒动的水族馆，寻找我认为会吸引女儿的新事物。但女儿有自己的想法。"哇哦！"她说。起初，我以为她是在回应这个地方的总体氛围。水族馆里的东西比在室外看上去要暗一些。光线是蓝色的，闪烁着，充满活力和魔力，我以为她是在回应这里的环境。我想，对于我所喜欢的水母，她的言语反应来得可能有点迟。正是因为抱有这些假设，我低估了她接受新事物的能力。我误解了她的暗示。这已经不是第一次了，我从女儿那儿明白，这个世界上的事物比我的眼睛所能看到的一切还要丰富。对愿意学习新事物的成人来说，教婴儿认识世界也是一个学习的过程。当我继续前行时，女儿朝相反的方向伸长了脖子，很快她身体的阻力使她的意志在我面前变得明显起来。那天下午，我第一次跟着女儿走。其实我一开始就该这么做。

婴儿所看到的毫无疑问是美妙的，一条巨大的海鲈鱼，重达将近 75 千克，可能有 1 米多长，约 0.9 米高，显然违背了作用于陆地上一切事物的万有引力定律。虽然我觉得海月水母很漂亮，但对一个已经见过气球、蝴蝶、塑料袋和蜂鸟以同样的方式在空中飞行的婴儿来说，那些在蓝色灯光下"飞来飞去"的小水母可能并不那么引人入胜。婴儿认知领域的研究者们发现，婴儿通过将目光更长时间地集中在看起来不可能或令人惊讶的物体或行为上来记录事物之间的不一致。巨大的海鲈鱼给女儿带来了一系列新的体验。这可能是她见过的最大的动物。考虑到她迄今为止看到的都是盘子大小或更小的鱼，这条鱼无疑是巨大的。尽管它很大，但它并没有沉下去，也没有在游泳，甚至不像水母那样随波逐流。那条巨大的海鲈鱼在水里一动不动。婴儿想多花些时间仔细地看看这个神奇的生物，它在岩石和海草上盘旋，拍打着"小翅膀"，妈妈很快就会告诉她，这个"小翅膀"叫作鱼鳍。虽然世界展现了很多熟悉之处，但也有很多全新的东西。确实令人惊叹！

等女儿长大了，她能从这次水族馆之旅中学到什么呢？关于浮力和鱼鳔的新知识，关于水与空气的相对密度以及这如何影响万有引力定律，或是关于太平洋沿岸海鲈鱼濒危的事实。我和女儿一起看着海鲈鱼，我把这些都告诉她，但谁知道她从这次体验中得到了什么。有可能是关于大小的假设、准备修正她正在学习的万有引力定律，也可能是她在这个世界上亲眼见到了多少美丽的物种。我永远都不会知道，我只能为她接触这个世界提供简单的基础。

当我们带婴儿领略自然界的神奇和美好时，一定要记住，令你着迷称赞的东西对婴儿来说可能平淡无奇，反之亦然。因此，当照料者花时间关注婴儿感兴趣的东西时，这对照料者和婴儿来说是理所当然的。如果研究人员知道婴儿通过把目光长久地集中在事物发生的变化进而锁定自己对新事物或不可能事件的注意，如果我们知道，深入了解事物如何变化以及在什么情况下发生变化是构成知识的基础，那么作为婴儿的照料者，我们能做的一件事就是关注婴儿凝视的地方。

我带着女儿来到一片红杉林里,让她坐在一棵约96米高的大树旁边。大人们都抬头望着这棵树,惊叹不已。我们期待孩子也会被它的巨大和宏伟触动。然而,这是不可能的。小家伙只是在玩她在地上发现的小石子。她出生时的身长是53厘米,而这棵树的直径是6米多,她遇到的几乎所有东西都比她高,也比她大。这棵树又有什么特别之处呢?她似乎在告诉我们:"我正在玩的这些东西,实在是太棒了。看,这个东西闪闪发光,我以前从未见过;就像我喝奶时,卷曲在我小手上的头发一样乌黑。我拿在手里的这些小玩意儿真有趣。你管这些叫什么?"她似乎想知道。即使是我们脚下的沙砾,对好奇的婴儿来说也是不可思议的。

请记住,几乎所有东西看上去都比婴儿高,比婴儿大

女儿对小石子的热爱并没有随着成长而减退。隔壁邻居家门口有一条石子路,如果允许她自己在附近走,那么她在2/3的时间里会蹒跚地走到石子路上,边走边用小小的手指在石子上轻抚。她会把石子捡起来,用手轻轻地筛一筛。我不得不向她解释这些小石子对邻居家种的玫瑰不好,她不

应该把石子放进玫瑰地里。我还得告诉她不能扔石子。通常在情急之下，我不得不抱起她，把她从这些她喜爱的石子中带走。但只要我能让她玩这些石子或其他东西，我就会放手让她玩。我让她把石子堆起来，测量它们的大小；注意碎石下面露出的泥土；注意哪些小昆虫、小蜘蛛在碎石中穿行，或者哪些小植物在碎石中安家。说不定有朝一日，女儿能成为一位地质学家或岩石学家。女儿专注于石头，所以我要告诉她石头如何塑造世界，先是冰川推着、冲刷着山谷和平原，接着地质构造位移造就了山脉和盆地，然后受到来自地衣、水、风、人类的作用。邻居车道上的鹅卵石是我们整个生命赖以生存的一部分，巨大的红杉的确令人惊叹，但小石子也一样。

对大自然的敬畏之情，意味着你要明白事物往往由你无法控制的力量所驱动。把婴儿带到大自然中时，你要理性地认识到这一点。虽然我们习惯于指导婴儿的生活和行为，但当努力促使婴儿与自然建立联系时，我们不妨退一步，顺势而为，这往往是有帮助的。让婴儿坐在草地上，看看他的腿能感

让婴儿坐在草地上，看看婴儿的腿能感觉到什么

觉到什么。首先是感觉有点扎，然后是软软的，最后是愉悦的。让这些感觉按照婴儿的节奏慢慢来。不要着急，不要太刻意地设计孩子的体验，给他一些时间。他会怎么做？有什么感觉？你将如何与他交谈来帮助他理解自己的感受？你何时保持沉默，让他安静地享受这一切？注意婴儿在关注什么，然后让他朝着他的新发现移动。慢慢地移动，让新的感觉充分渗透进来。如果他盯着一朵橘色的花，就告诉他花的名字，如花菱草。让他的身体再靠近花一些，让他逗留的时间再长一点，这样他就可以用自己的方式认识这朵花了。

我明白，我描述的是一个教养经历，母亲可以带着孩子去世界级水族馆参观，可以随时走入红杉林，还有一位家门前有石子路和玫瑰园的友善的邻居。这也许和你的经历完全不一样。我们不情愿让婴儿接触大自然，其实是因为我们觉得自己身边根本没有大自然。这对城市居民来说尤其如此，但在郊区也是如此，那里的自然因为管理得太好了，以至于人们几乎难以察觉。在那样的社区里，人们躲在四季常温的家中，或者把"自然"归入城市公园或动物园，对婴儿的父母或照料者来说，与自然世界的日常接触可能较为困难。然而，接触大自然也不是完全不可能的。

让婴儿接触大自然，很大程度上只是意味着需要有意识地在世界上行动。当一列蚂蚁在人行道的裂缝中穿行时，停下来让婴儿观察它们的行进。婴儿的眼睛很早就能识别出物体的大小和差异，所以你可以指着所有蚂蚁，然后让婴儿关注那些扛着东西的蚂蚁。即使你没有时间停留太久，你也可以用一小段时间谈谈你和他刚才所看到的一切。如果你有空，那么可以到当地的动物园和植物园去寻找接触大自然的机会。如果你周围没有这样的设施，那么你可以带孩子去当地的花卉市场，在盆栽植物中间漫步。培养婴儿对自然界的欣赏最有效的方法之一就是让自然界成为他所理解的日常生活的一部分。是否可以在门廊或院子里种一丛醉鱼草呢？灌木丛会慢慢生长，毛毛虫和蝴蝶会在这里安家，这些能带给我们生动的生命科学课。通过接触花卉和蝴蝶，婴儿的词汇量会不断扩大。作为父母和照料者，我们可以利用无数机会让婴儿了解如何通过各种方式来谈论世界。

女儿在9个多月大,以及差不多14个月大的时候经常和一个4岁的男孩、一个6岁的女孩一起在大自然中散步。当走到林间小路的入口处时,我们发现了一条整洁的小路,这条小路的一侧长满了野黑莓,另一侧则是溪边的灌木丛。孩子们惊恐地环顾四周,他们担心这附近有蛇、狮子或棕熊。我不得不告诉他们,在我们散步的地方棕熊早就绝迹了,中午在人群密集的地方看到狮子的可能性很小,而且脚下也不是响尾蛇的地盘,这是他们在加利福尼亚州唯一需要小心的蛇。然后我告诉他们,万一遇到这种情况,他们该怎么办,该寻找什么,以及如何保护自己免受伤害。一旦孩子们知道将会发生什么,以及如何保护自己,他们就会平静许多,可以尽情地享受在这条小路上散步,提出更多的问题,识别出遇到的一些植物。下次他们再来散步的时候,就不会害怕那些可能伤害他们的东西了。相反,他们想知道上次散步时遇到的植物长得怎么样。与这两个没有在大自然中漫步长大的孩子在一起时,我突然意识到,这种散步方式将成为女儿的第二天性。待在户外将成为她的常态,她会逐渐形成在大自然中的舒适感。

自她出生一周起,我就带着她在家附近散步,在地方公园和国家公园远足,在自然角散步。我和她共享这个世界,尽可能叫出那些我能识别出的生物,告诉她如何安全地在林间小路行走,提醒她不要做会带来不必要麻烦的事情。起初,她既像是在看我,又像是在睡觉,但她始终和我在一起,不论我把她背在身后,还是用婴儿车推着。我说出每种生物名称的声音,已成为她生命中不可或缺的部分。当她开始使用语言时,我才收获了自己的劳动成果。当她快2岁,即将从婴儿期一跃进入学步儿时期,她越来越喜欢按照我的方式用语言与世界互动。

在附近散步时,无论是我还是她,都会大声说出那些能帮助我们认识周围世界的词:松鼠、冠蓝鸦、槲树、红杉、玫瑰,等等。当路过一些我们还不认识的东西时她会发问。她的问题与她的发展水平相适宜,"这个东西是什么呢?"她想知道。这也表明,我已经逐渐将一种渴望传递给她,那就是把周围环境融入她的生活中,这是她关心这个世界所迈出的重要一步。当女儿22个月大时,在一次和朋友们的散步途中,她在一排橘色的花前停了下来，说"虞美人"，这是她第一次认出家乡的花。这一刻对我来说是多么自豪啊，因为我知道自己的付出没有白费。

她能安静地坐下来感受这个世界，我也同样倍感自豪。我曾看到她不加评论地倾听鸟鸣和灯芯草的声音。那天早上，她在一排虞美人前停了下来，为了看得更清楚，她走近了一些，我也跟着慢了下来。如果说我教会了她一些东西，那么她也教会了我一些东西。她教我，当神奇的事物出现时，要放慢脚步，近距离地观察，才能拓宽理解。

当女儿逐渐长大，我带她去我认为她应该去的地方，带她看我认为她应该看的东西。但是我突然意识到，如果我跟随她的兴趣，我能发现更惊人的奇迹，我可以帮助她进一步认识这个世界。其实，让女儿了解世界之美，并不总是需要花哨的水族馆或精心料理的花园。有时候，她托儿所里的醉鱼草就已经够了。这把罗勒是我在农贸集市买的，我把它插在厨柜上的玻璃花瓶里，这样我们就能观察它长出一串新的根。关键是要尽可能多地调动孩子的感官。我经常找一些她既能看又能闻，既能摸又能听，甚至能尝的东西。与大象、鹰和三千年的树木相比，树枝、石头、树叶、泥土和甲虫有时能提供更多的机会，让我们与神奇的大自然建立真正的联系。

我尽可能地放慢脚步，留心她在关注些什么，她的目光停在哪里，在接近新事物时她的身体有何反应。那些被我们忽视的东西，我们可以通过婴儿的眼睛再看一遍。那些我们经常看到的东西，我们可以从全新的角度再看一遍。观察、命名、发现以及回顾我们发现的东西，这整个过程都是婴儿期的学习经验。这是我们帮助婴儿关注和感受大自然的基本方式，也是我们帮助婴儿体验这个世界的基本方式。

第 4 章

克服恐惧：踏上自然之旅

工具栏4.1　科学与自然核心要素

- 反复探索栖息地和"实验室"环境（使用放大镜和纸张）中相似的生物
- 在学习照顾和尊重小动物与了解这些动物为了生存而适应环境之间建立联系
- 了解"理解"与"表征（通过绘画和语言）理解"之间的共生关系
- 提供材料、技能和知识促进儿童理解的同时，跟随儿童的兴趣

工具栏4.2　探究的核心要素

- 观察儿童在学校种植园和社区种植园的不同环境中对自然的探索
- 提出开放式问题，通过"大声思考"来回应儿童的疑惑或遇到的困难
- 用笔记记录孩子的行为，用录音记录孩子的对话
- 调查混龄的方式对儿童合作和问题解决能力的影响
- 收集和分析儿童探索自然的照片，作为其学习的视觉证据

对自然与探究的热情和兴趣

我在锡兰长大,现在被称为"斯里兰卡",这是南亚的一个小岛,周围是海洋和雨林,大多数人家的院子里都有野生动物出没。我童年的大部分时光是在岛上的小城里度过的,我也曾在一个离首都不远的城市生活。在热带地区,一些小动物会设法爬进人们的家中,这使许多居民感到不安,但我没有这种感觉。我拥有非常愉快的童年记忆,那就是在父亲的书架后面(壁虎最喜欢下蛋的地方)寻找壁虎蛋,然后把它们放进铺着棉花的空火柴盒里,之后焦急地等待着,直到小壁虎孵出来。当它们出来的时候,我就把它们当宠物养。但令我沮丧的是,它们总是逃跑。

所以,我班上的孩子们经常把我和动植物联系起来,这有什么奇怪的吗?当孩子们发现虫子、蜜蜂或其他任何他们想近距离观察的生物,却又犹豫不决或小心翼翼时,我常常听到他们叫我,把我从所有的教师中喊过来。他们很快地拉起我的手,带我去看他们的发现,他们知道我对地球上的这些小生物既不害怕,也不拘谨。孩子们喜欢听我讲童年趣事,比如如何捉蜻蜓、蚱蜢、虫子、青蛙等小动物,以及养狐狸、孔雀、松鼠、豪猪等动物的故事。他们每次听完我的故事,还想听更多。他们最喜欢的故事之一就是我如何喂养两只没有妈妈的小狐狸。他们喜欢听我是怎么用奶瓶喂它们喝牛奶的。我时常思考,儿童对大自然与生俱来的好奇心,看似十分强烈,却为何如此容易被摧毁,使他们逐渐变成害怕大自然和远离大自然的人。达雷尔(Durrell,1988)曾说,我们生来就对周围的世界感兴趣。他说,当你观察一个人类婴儿或其他动物的幼崽时,你会发现他们在利用所有的感官四处爬行、探索和学习,寻找生命的全部意义。

在一次科学活动的教研会上,我提到教师应尽量避免在儿童面前表现出对动物的恐惧。不料,我的一个同事却说:"吉塔,你在丛林中长大,所以你不害怕动物，而我们在城里长大的女孩可不这样！"但是我不认为，一个人仅仅因为生活在野生动物或自然资源丰富的地方，就会对自然产生热爱或厌恶之情。诚然，大多数生活在自然环境中的孩子为了生存，学会容忍身边出现各种各样的生物，但我相信，孩子们需要一个榜样来告诉他们，尊重和关爱大自然是多么重要。正如达雷尔（1988）所指出的，没有什么生物是可怕的或令人厌恶的；它们和我们一样，都是大自然的一部分。我的父亲是一位业余的自然学家，我从他那里学会了尊重自然。他对树木、植物和自然界的其他领域有着丰富的知识。在我成长的过程中，我明白了地球不仅属于人类，还属于自然界所有其他生物和非生物。作为幼儿教师，我们有责任呵护儿童与生俱来的好奇心，无须向儿童灌输对自然界不必要的恐惧。

我同意"全世界的儿童都喜欢跟比自己稍大的同伴在一起，这是一种与生俱来的需求。这种彼此的亲近和互动，能帮助他们了解年龄稍长的孩子们所从事的活动"（Hay，1980，as cited in Rogoff，2003，p.239）。因为我对自然充满热情，所以我想自己是否能做孩子们的大朋友，他们愿意天天跟在我身后，我也能很好地呵护和培养他们对自然的好奇心。我认为，儿童需要通过自己的视觉、触觉、嗅觉和听觉来感受和体验大自然，从而与大自然建立一种联系。我同意"仅靠好奇心不足以发展儿童的能力和促进他们的理解"，"成人的指导对于儿童掌握科学探究的能力是必不可少的"（Worth & Grollman，2003，p.27）。

探究与自然——开启我们的旅程

我该如何履行职责，让这所高校附属幼儿园里的孩子们通过亲自动手和操作来体验大自然呢？我开始探索并寻找答案。我听从了科克伦-史密斯和莱特尔（Cochran-Smith & Lytle，1993）的建议，即教师要通过倾听自己的声音和学生的声音来寻找问题的答案。我还遵循了哈伯德和鲍尔（Hubbard &

Power，2003）提出的成功探究的三要素。首先，要谦虚，认识到自己需要向学生及其所处社群学习很多东西；其次，倾听学生，让他们的需求引导你的教学；最后，愿意分享自己的故事（p. xvi）。

我决定让孩子们拥有与自然接触的亲身体验，让他们去探索、调查、提问题，想办法弄明白他们所观察和经历的一切。我也想让孩子们与同龄的小伙伴以及年龄稍长的同伴进行合作学习。我关注的是五名3岁的幼儿和五名5岁的幼儿。通过混龄的方式，年龄较小的幼儿可以从年龄稍大的幼儿那里学习语言、数学、社交和解决问题的能力，而年龄稍大的幼儿可以当小老师，从而运用他们所掌握的更复杂的自然知识。

在这个过程中，我自身的探究工作是积极成为幼儿的学习伙伴，以及知识的共同建构者。我提出一些开放式的问题，对幼儿的疑问或遇到的困难采用大声思考的方法，这样做是为了激发他们的兴趣，促进他们的思维发展。我关注瑞吉欧·艾米莉亚的教学法（Edwards，Gandini，& Forman，1998），其中"教师的作用在于通过敏锐的、启发性的倾听，促进儿童说话，与儿童共同行动建构知识来创造探索的机会"（p. 10）。我们经常将"思考"视为自己的事，与外界没有任何联系，但罗戈夫（Rogoff，2003）提醒我们，思考还涉及人与人之间、人与社区之间的互动，以及他们与个人之间的共同作用。就像我教的这些孩子一样，他们共同努力解决问题，共同提出问题和寻找答案，他们互相争论，在这个过程中增长自然知识。

我们首先探索了位于旧金山市区的这所学校的后院，然后将生成的自然课程扩展到学校环境之外。我们以团队的方式探索自然，我和配班老师劳拉讨论我的研究，她同意帮我拍照并观察幼儿。可不幸的是，她既不喜欢大自然，也不喜欢蛞蝓和蜗牛这样的小动物。我向她保证，她不需要碰这些小动物。令我欣慰的是，她同意了我们的调查计划。接下来我想知道，在铺着木屑和水泥的游乐场附近，以及周围只有两棵树、一些花盆的学校附近，我到底能找到些什么。我寻找把自然带进教室的可能性，以补充我们在院子里找到的那一抹自然。我也在附近寻找带孩子们去大自然散步的可能性。我很高兴终于找到了一个小巧玲珑的花园,名为"环保花园",它由一些邻居精心维护。

从周围环境开始

在斯里兰卡,我常常步行往返于学校和家之间。学校离家大约 1600 米,路的两旁生长着不同的树木、灌木和其他植物,许多种鸟类和其他物种栖息于此。父亲过去常说,当他还是个孩子的时候,即使每天走同一条路上学,感觉却是不一样的,因为每次都能发现更多的树和动物。我父亲说,在他的童年时期,这条路不是沥青铺的,而是用泥土和石子铺的,人们步行或乘坐牛车走。当我还是个孩子的时候,我在上学的路上能遇到的野生动物已经不多了。但是,八哥、鹦鹉、大黑乌鸦、叽叽喳喳的小鸟和雏鹰在我上学的路上依旧随处可见。父亲还告诉我,他曾亲眼看见猴子在树枝间跳来跳去,热闹而欢快地吃着野杜果等水果,比如成熟的波罗蜜、面包果、各种各样的叶子、花朵和昆虫。

对于在幼儿园的操场上找到足够的自然物让孩子们观察,我不抱太大的希望。但我们周围确实有很多花丛,从春天到秋末一直开着紫色的小花,这些花儿吸引了许多蜜蜂,让很多教师感到烦恼和恐惧,却令孩子们十分好奇。幼儿园周围也有许多高大的树木,但孩子们够不着。这些树是许多鸟类的家园,如蜂鸟、蓝鸟和啄木鸟,同时也是松鼠的栖息地。在这所幼儿园工作的 10 年里,我却从未探索过周围的树木和灌木丛。随着春天的临近,我们开始听到附近的鸟儿发出不同的叫声,于是我和孩子们想建一个鸟类保护区。接着,我开始收集相关资料。我敢肯定,还有其他许多生物也把这些树以及灌木丛当作它们的家。我决定参考达雷尔(1988)的《业余自然学家的实用指南》(*A Practical Guide for the Amateur Naturalist*),学习如何通过不同的方法寻找不同种类的生物。但在那之前,我和孩子们一直寄希望于幼儿园里的花盆，看看能否在箱子下面找到可以观察的生物。当我们把花盆移开时，孩子们惊讶地发现花盆下面住着一群潮虫和一条蛞蝓。我们的自然之旅由此拉开了序幕。

对潮虫要温柔——尊重小生命

在自然探究的第一天（2月6日），我和孩子们把在花盆下面发现的潮虫放在有放大镜盖的容器里，然后把它们放在桌子上。我还把一些潮虫放在一张白纸上，同样放在这张桌子上。我拿出放大镜让孩子们仔细地观察这些虫子。

李：真恶心！我要压扁它！

吉塔：不许伤害我们捡到的虫子！你为什么要压扁它，李？

李：虫子咬人！

吉塔：不是所有的虫子都咬人。这些潮虫不咬人。

李：嗯。但是，但是……我妈妈说它们会咬人！

莉娜：它在动！它在倒立！

摩西：哇！好多条腿啊！

卡恩：我能把它拿起来吗？

吉塔：可以啊，不过你拿的时候要温柔一点。

卡恩：为什么？

吉塔：因为它们太小了，如果我们不小心，它们就可能被压扁。

（我用画笔和手指轻轻地夹起虫子，把它放在卡恩的手掌上，卡恩用怀疑的眼神看着我，好像想要确保虫子不会咬他）

卡恩：这只胖乎乎的小虫怕痒。（咯咯笑）

摩西：那个小的呢？

李：这只大的把它给吃了！我想它需要食物。

"他觉得痒"

接下来,我问孩子们是否需要纸和记号笔来画这些潮虫;我想看看他们能否通过绘画来表征学习。这些 3 岁的孩子还没有画过任何具象的画,只有几个孩子可以用脑袋、眼睛、腿和从脑袋伸出的胳膊表示人物形象。卡恩向我要了笔,开始用线条表示虫子的许多条腿,并在垂直线上画了一条水平线。

表征和反思是幼儿从工作中建构意义和形成理论的重要方式(Chalufour & Worth,2003)。鼓励幼儿通过绘画等方法表征自己学到的东西,并不是推着幼儿往前走,而是向他们展示在绘画和亲身体验之间建立联系或找到联系的可能性(Cadwell,1997)。

当每个孩子都观察过这些潮虫之后,我们决定让它们回到花盆下的家里。我们把潮虫放回发现它们的地方,以表达对这些小生命的尊重。

> 摩西：那些胖乎乎的虫子去哪儿呢？
> 吉塔：我们把它们放回花盆底下了，还记得吗？
> 摩西：为什么要放回去呢，吉塔？
> 吉塔：因为那是它们的家呀，它们在自己的家里才会快乐呀！
> 摩西：哦！
> 卡恩：对哦！没人会踩它们吧？
> 吉塔：不会的，它们在花盆下很安全。

这是我们第一次近距离观察大自然中的小生物，我发现这些3岁的幼儿都有极大的兴趣、好奇心和专注力。我还发现，虽然所有幼儿都对这些小生物感兴趣，但刚开始他们都非常拘谨，直到后来才更加热情地想要触摸它们。正因为这是孩子们第一次近距离接触小动物，所以我试图向孩子们传达尊重这些小动物的重要性。正如所有的自然学家都会认为，我们应该鼓励孩子尊重所有的生命，同情所有的生命。教师要通过言传身教，告诉孩子们对待从大自然中被挑选出来观察的生物要保持温柔和尊重，观察结束后要把它们放回到发现它们的地方。

滑滑的、凉凉的蛞蝓——鼓励幼儿主动探索

就在第二天（2月7日），3岁的卡恩和摩西在沙池里挖沙子。突然，摩西走到沙池的墙边，把脸凑近一片雨后又湿又黏的树叶。摩西转向卡恩说："我发现了一只虫子！"卡恩激动地叫我："吉塔，快过来，我们发现了一个东西！"那是一只小蛞蝓，正慢慢地向灌木丛爬去。我轻轻地拾起蛞蝓，把它放到野餐桌上。4岁的苏吉也走了过来。劳拉老师拿来了一个放大镜，并把一张白纸放到桌子上。

卡恩：这是什么？

摩西：一条虫子。

奥利：不，它不是！

李：是蜗牛。

吉塔：是的，它有点像蜗牛，可是没有壳。

卡恩：谁弄坏了它的壳？

莉娜：不是我！

吉塔：蛞蝓没有壳。

摩西慢慢地伸出食指去触摸那条蛞蝓。他摸了一下，赶紧把手缩回来，在衣袖上擦了擦，看着我说："它摸起来凉凉的，它滑滑的，凉凉的。"

苏吉：我也想摸一摸！（她拿起那片沾着蛞蝓的树叶，仔细地观察起来）

奥利：（拿起了蛞蝓）看，它在拉屁屁！它在拉屁屁。我不喜欢这个，它拉在我手上了。（笑着向我展示她的手指）

吉塔：现在我们把蛞蝓放在纸上，看看会发生什么。不要碰它。看它的头，它的头怎么了？

苏吉：有东西出来了！

摩西：是啊！那是什么？

苏吉：我想那是它的耳朵。

李：眼睛，它的小眼睛。

奥利轻轻地碰了碰蛞蝓的触角，它们又缩进去了。

奥利：它们不见了！

李：它的壳破了吗？

吉塔：蛞蝓没有壳。

李：我家里有很多贝壳。

卡恩：我在墨西哥捡过贝壳。

奥利：贝壳都是死的！我妈妈说的。

卡恩：我有一枚海胆，不过它破了。

我们小心翼翼地把蛞蝓放回发现它的地方。卡恩想将蛞蝓画下来。画完后，他说："吉塔，你来写这是蛞蝓妈妈，这是蛞蝓宝宝，它们是一家人。"

这个活动是孩子们自己发起的，他们寻找观察对象，并邀请我一起观察。我很高兴他们没有用铲子把它压扁，而我们的自然之旅开始之前他们经常这么做。孩子们自己发起的自然活动，比如"蛞蝓观察"活动中所发生的事情，能给孩子们带来成就感和自豪感。孩子们可以自主选择参与还是不参与，尤其是在院子里，他们有很多户外活动可以选择。因此，找到观察对象并参与观察的幼儿都自发地想要了解蛞蝓。

我同意劳瑞（Lowry，1998）的观点，他认为幼儿获得新的科学知识的前提条件是我们要给予他们充分的体验和参与的动力。我也注意到，那些平时在教师主导的活动中注意力非常容易分散的孩子，在参加像"蛞蝓观察"这样的自然活动时，通常会表现出极大的兴趣和积极性。仅仅过了几天，孩子们就养成了用纸和记号笔来表征自己所见所闻的习惯。他们还请我在他们的自然绘画作品上写下他们说的话。

各种各样的壳——建立在自然体验之上

第三天（2月8日），我选了一本关于蜗牛和蛞蝓的书，也选了一本关于贝壳的书，我把书拿到院子里。从我和孩子们之前对大自然的观察与交谈中，我发现他们对蜗牛和贝壳也很感兴趣。我们从书上看到了不同种类的蜗牛、蛞蝓和其他有壳的生物。劳拉还把我们收集到的贝壳拿到桌子上让大家观察。

吉塔（指着贝壳）：你们觉得这些是什么？

卡恩：贝壳呀！

吉塔：你们觉得它们是动物吗？

埃里克斯：它们是死的！它们没有腿。

吉塔：你们觉得呢？你觉得它们有腿吗？

卡恩：嗯，它们滑行。

亚力克丝：不，不是滑行！它们爬行。

卡恩：是的，没错！我看过一场电影，它们滑行。

摩西：我觉得有些贝壳有腿。章鱼就有腿。

埃里克斯：我爸爸说章鱼的腿会掉下来！

吉塔：没错，如果另一个动物想要抓住章鱼的腿，它可以自己断掉那条腿然后逃跑！它们的腿叫触角。

里克（喃喃自语）：是啊！看看海钱，小花。

卡恩：为什么？

埃里克斯：它可以逃跑呀！我看了一部电影。

吉塔：如果它掉了一根触角，你觉得它还有几条腿？

卡恩：嗯，五条腿！

吉塔：让我们来数一下这八条腿。一只掉了，可以数到七。七条腿。但是你知道吗，它能再长一条腿出来！

卡恩：哇！

里克（往海钱的洞里看，边看边摇）：一个洞！

在这个活动中，4岁的里克和埃里克斯与3岁的卡恩和摩西一起，所有的孩子都摸了摸贝壳，摇了摇海钱，研究了柔软光滑的贝壳，以及粗糙不平的贝壳。他们还仔细观察了一个破碎的海钱。里克向我要了一个桌面放大镜，他称之为"望远镜"，以便更仔细地观察贝壳。这个放大镜有支架，因此里克不需要扶着它，他可以在放大镜下边用双手移动贝壳边观察。

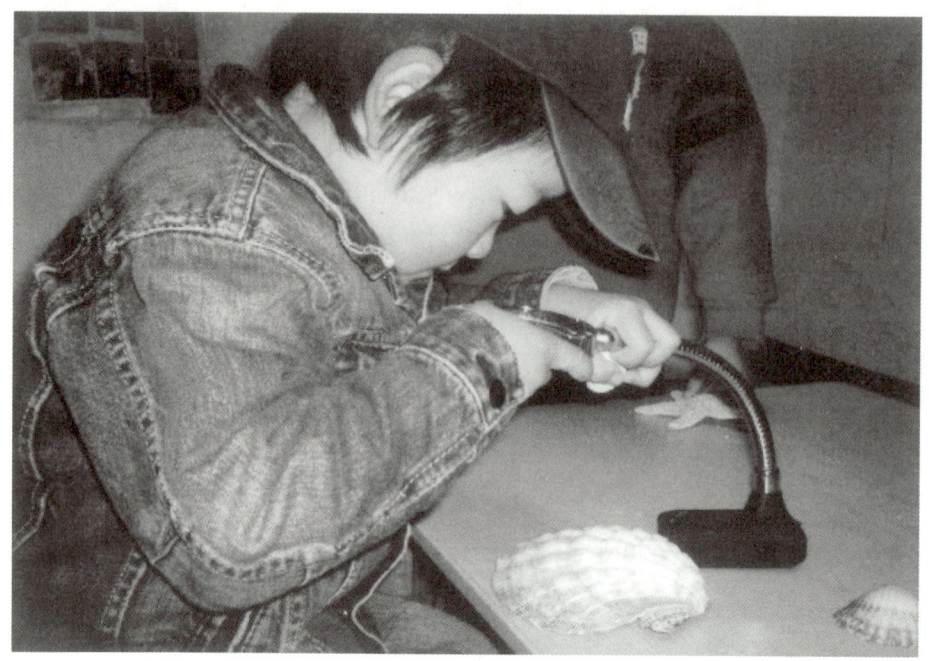

里克正在仔细观察蛤蜊家族

在绘画活动中,里克准确地画出了海胆和海钱的轮廓。

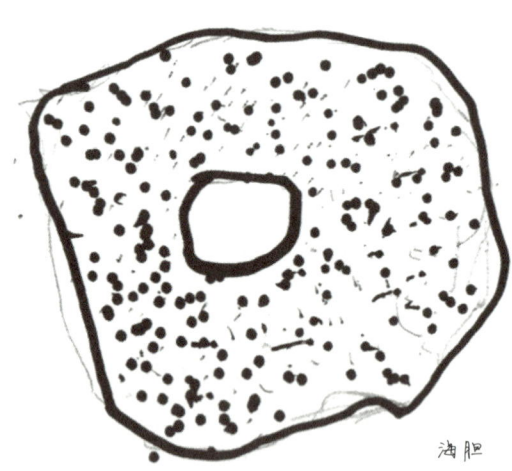

里克画的海胆

埃里克斯看到其他孩子画贝壳,于是说他要画大海,因为贝壳生活在大海里。

这个混龄活动提升了所有孩子的学习能力。他们一起观察贝壳，提出问题，彼此争论，提出答案和假设，总的来说，他们对画贝壳和讨论贝壳都有强烈的动力。在幼儿努力学习和理解自然世界的过程中，通过他们对贝壳的详细描绘，我意识到他们的观察能力提高了（Colker，2002）。

初次自然漫步——探索附近的花园

5天后（2月13日），我们第一次到离幼儿园几个街区远的花园里进行自然漫步，这些3岁的孩子兴奋极了。

> 莉娜：吉塔，我们要去哪？
>
> 吉塔：我们要去一个花园。你觉得我们会看到什么呢？
>
> "花""树""鸟""狮子"，孩子们答道。我问孩子们，我们还能在这些花草上找到什么。
>
> 卡恩：小虫子！
>
> 摩西：毛毛虫！
>
> 劳拉、孩子们和我开始了第一次自然漫步。沿着街道走了几个街区之后，我们路过了几棵道格拉斯冷杉树，摩西停下脚步，指着一棵树。
>
> 摩西：那棵树有很多手！
>
> 劳拉：哦，是的，那棵树确实有很多树枝。
>
> 卡恩：我听到了鸟叫声，但我没看到它们。
>
> 莉娜（走到树前，伸手摸了摸树皮）：它们躲起来了。
>
> 吉塔：莉娜，摸上去是什么感觉？
>
> 莉娜：感觉像蛇。

每周我们都在这条街上走来走去，然后回到学校。所以，对孩子们来说，步行去花园是一次真正的享受和冒险。我从孩子们的声音中听出他们的兴奋之情，也听到了他们观察这种新体验时的好奇。我们一进花园的大门，摩西就停下来，指着地上说："看一只蜜蜂，一只蜜蜂，我看见一只蜜蜂！"

孩子们聚拢在蜜蜂的周围。我问孩子们，蜜蜂在地上做什么。摩西说："我想它在找吃的。哦，他走了。我又看见它了！"我们观察了一会儿，然后沿着小路向花园走去。突然，卡恩大叫："吉塔，吉塔，我看到一只瓢虫！"然后我说："一只瓢虫，你确定吗？"

因为正值冬天，我以为瓢虫还在冬眠。但可以肯定的是，这真的是一只红色带黑点的瓢虫，它停在一片花椰菜的叶子上。卡恩说："我找到了一个新朋友，一只瓢虫！我要把它带回家，哦，不，它掉了！"

接着，卡恩和他的朋友们蹲在地上寻找丢失的瓢虫。

> 吉塔（指着花椰菜的顶部）：这是一棵花椰菜，看看它上面有没有。
> 摩西：我喜欢吃花椰菜。我妈妈到超市去买菜！我和妈妈一起去。
> 埃琳娜（看着一只在花丛中盘旋的蜜蜂）：看，吉塔，我看到一只蜜蜂了！
> 摩西：蜜蜂会咬人！
> 吉塔：对，它们是会蜇人，如果它们害怕或生气，不过如果你不去打扰它们，它们是不会蜇你的。
> 摩西：打它是不行的，对吧，吉塔？
> 吉塔：是的。你觉得这只蜜蜂想干什么？
> 埃琳娜：它想吃这朵花。
> 吉塔：是的，你说得对，它在找吃的。它的嘴里有一个类似吸管的东西，可以从花里面吸出甜甜的"花蜜"。
> 摩西：我喜欢用吸管吹泡泡！蜜蜂在哪里？
> 吉塔：看，它飞走了。你觉得它带着花蜜去哪里？
> 莉娜：回家吃蜂蜜去了。

快到午饭时间，我们还在往前走，但孩子们完全被周围的环境吸引住了，没有一个孩子抱怨。走出花园的大门，我们在一棵柠檬树旁停了下来。劳拉把一片柠檬树叶放在手上揉了揉，闻了闻，说："我喜欢这种味道！"然后所有的孩子都期待闻一闻柠檬叶。

> 卡恩（用手摸柠檬）：那是我的柠檬。我妈妈喜欢柠檬！
> 劳拉：柠檬是什么颜色的？
> 莉娜：黄色。
> 摩西：黄色！（每个人轮流摸柠檬）
> 劳拉：它们摸起来感觉如何？
> 摩西：上面有水（柠檬被露水打湿）。
> 卡恩：软软的。

在柠檬树的底部，我看到一丛开着绿花的嚏根草。我让孩子们观察这些不寻常的绿色花朵。李看着花说："哇！"这时，卡恩注意到篱笆上挂着一个豌豆荚，于是他伸手去摸。

> 劳拉：卡恩，摸上去感觉怎么样？
> 卡恩：软软的。我可以把它带回家吗？
> 吉塔：豌豆荚，是的，它又软又滑。

午睡之后，我很好奇孩子们是否记得他们在花园里的经历。于是，我把孩子们叫到身旁，问他们那天在花园里看到了什么。

> 卡恩：我的朋友小瓢虫。它飞走了。我想把它带回家。
> 凯蒂：我在苹果树上看到了绿色的花和苹果。（这棵长满了苹果的苹果树是她想象出来的，因为我们没有看到任何结着苹果的苹果树）
> 莉娜：我看到一只蜜蜂和一棵柠檬树！
> 摩西：有蜜蜂，但是没有鸟。它们躲起来了。
> 奥利：我看到一只蜘蛛！
> 吉塔：你们还看到了什么？

奥利：我想看苹果树，可是树上只有树枝，我们找不到那棵苹果树。（当时是冬天，苹果树上的叶子都掉光了）我看见一个黑色的东西，上面有泥土。（我想他指的是堆肥箱）

埃琳娜：在树叶上爬行的瓢虫（她趴在地上给我看）。

卡恩：草莓，嗯，还有花椰菜！

吉塔：你们觉得我们要不要再去花园里走一走？（他们都说"要"）

尽管孩子们当中有几个刚满3岁，但他们对发现的东西充满了好奇，而且我们没有给他们任何时间限制，所以他们能够充分地探索。对花园探索的开放性让孩子们能够"欣赏美，表达创造力，在世界和自身的感觉维度中感知模式与变化"（Torquati & Barber，2005，p. 40）。我很惊喜，李还记得那些"绿色的花"，因为我从来没有想过哪个孩子会对"绿色的"花感兴趣从而能记起那些花。莉娜经常在午餐时带上柠檬汽水，所以她称柠檬树为"柠檬汽水树"，这既属于她个人的经验，也是与她的发展相适应的一种联系。当然，卡恩记得他的朋友"小瓢虫"，摩西记得他的"蜜蜂"。奥利似乎很失望，他没有看到苹果树，只看到了光秃秃的树枝。总的来说，在我们的自然漫步中，孩子们的兴趣和好奇让他们记住了沿途所看到的、闻到的、摸到的、听到的和大家一起讨论的事物。

当分析孩子们的对话时，我可以看到孩子们通过自己的兴趣和观察形成了关于世界的理论。例如，莉娜可能意识到，她午餐时喝的饮料是由一种生长在树上的水果制成的，它不仅仅是从超市的货架上买的。那些对草莓和花椰菜感兴趣的孩子也可能明白了，水果和蔬菜在进入超市之前是种在别处的。李可能意识到，花有不同的颜色，包括绿色。卡恩和摩西可能知道，瓢虫和蜜蜂需要植物作为食物，瓢虫以植物为食，蜜蜂采集花蜜飞回蜂巢。我意识到，孩子们去花园里参观，见到新的植物和小生物，聆听鸟儿的歌声，能让他们更加了解周围的物理环境和感官环境。

克服恐惧，开启自然课程

虽然我们第一次的自然活动和探索只持续了短短几天，但是我很高兴孩子们、劳拉和我与大自然——小动物、植物、花朵、户外——有如此深入的接触，我们已经忘记了最初对探索大自然的恐惧和犹豫。我们为继续自然之旅做好了准备。在接下来的几个星期里，我们探索了花草植物；各种各样的小动物，比如蜘蛛和蝎子（装塑料盒子里）、松鼠、瓢虫、蝾螈、毛毛虫、潮虫、蝌蚪、青蛙（我们有一只火腹蟾蜍）和鸟（我们有两只长尾小鹦鹉）；建造鸟类保护区；在可以自由翻滚的区域表演动物的动作和行为；分享和讨论关于自然的书籍；唱关于自然和动物的歌。

通过观察，孩子们对植物、花朵和小动物的图画表征越来越详细、准确。他们的图画表征反映了不断发展的科学能力和审美能力。我不断地分析孩子们的画，思考我拍摄的关于孩子们在自然中学习的照片，记录以及反思他们之间关于自然的对话。

在我自己的探究式学习中，我也更加关注孩子们的问题、回答、对话，我了解他们的已有知识、关于物理世界和自然世界的理论、对自然的兴趣。我们都对陆续开展的活动和涌现的对话变得更加敏锐，而这些活动和对话对孩子们了解自然世界与科学世界具有非凡的意义。

我刚参加工作的时候，是在旧金山的一所幼儿园里，我的第一个发现就是孩子们和教师们对大自然的恐惧与疏远。不久，我便意识到旧金山是一座现代化城市，这种与自然的疏远反映了当代儿童在现代社会中的真实生活。我知道，如果儿童生命中重要的人不用心培养，他们对大自然与生俱来的热爱就会很快消失。现在我越发意识到，为促进儿童自然教育开设相关课程和成为儿童"自然伙伴"的迫切性。

第 5 章

自然地表达：与自然对话的儿童和教师

工具栏 5.1　科学与自然核心要素

- 对自然栖息地进行开放性探索
- 观察自然空间的周期性变化和生长情况
- 从长期、反复地研究动植物中获得科学知识
- 在与小组和全班讨论科学、自然的事物与过程中使用科学术语和词汇
- 定期观察动物栖息地及其使用和变化规律

工具栏 5.2　探究的核心要素

- 对儿童的谈话进行录音
- 拍摄儿童在大自然中自发的探索和社会交往
- 通过书面笔记和日志记录教师的观察与思考
- 记录儿童在教室内外的自然探索和学习
- 带领儿童到学校附近国家公园里熟悉的地方反复参观，记录儿童的自然学习和参与情况

大多数人都有接触大自然的经历，人们或在树林里漫步，或站在小溪旁轻轻地捧起一只青蛙，或照料一个花园，或在野餐时惊叹于蚂蚁的勤劳，或有感于安塞尔·亚当斯（Ansel Adams）拍摄的一张照片，但是超越这种对自然的"体验"转变成对自然的关爱，则意味着一个人深受感动与启发，并且敬畏它的美丽和力量。这种感觉通常不会出现在某一次游览国家森林，或某一次遇到芬芳的花朵，或第一次参观动物园，而是随着时间的推移，随着不断地观察，建立联系，标记，讨论和想象这种美丽和力量，从而越来越强烈。关爱大自然就是与自然建立联系，并感受自己与大自然的联系，不要认为大自然与自己毫无关系，而应将其视为我们是谁以及我们在世界上如何生存这样大概念的一部分。本章将介绍牛谷幼儿园以及我们的探究循环，接下来用两个简短的故事讲述我们如何与儿童和家长一起开展探究和自然游戏。

我们的幼儿园

像许多幼儿园一样，牛谷幼儿园诞生于一座有很多空间限制的教堂建筑。尽管它与一个小型车库差不多大，但我们很幸运能够进入一个用砖砌成的小庭院。受到精心照料的花朵和邻居种植的苹果树常常给我们提供宝贵的学习资源——腐烂的苹果、知更鸟和蜗牛。我们收集各种各样的树叶，并注意到这些树叶的特征，孩子们也学会温柔地对待身边的植物等生物。在教室门外收集的生物和自然材料有助于我们了解和培养孩子们的同理心、对规律和模式的关注，以及在生态系统中的归属感。

3年后，我们搬到了普雷西迪奥国家公园，这是旧金山西北边的一个国家公园，我们仍旧依山傍水，周围环绕着桉树和柏树。

幼儿园被大自然包围着，我们把它当作学习环境的一部分——大自然也是教师。基于儿童的探究性课程，以及幼儿园对记录和反思的强调，我们已经明白什么是主人翁意识，以及如何照顾大自然。以下是指导我们开展丰富的探究活动和游戏化课程的核心原则：

- 每个儿童都是有能力的、能干的学习者；
- 儿童通过游戏、探究、调查和探索进行学习；
- 儿童和成人在与同伴、家庭成员和教师的互惠关系中学习与游戏；
- 成人认识到儿童通过多种方式进行学习、人际交往、表达自己的观点以及表征所学知识；
- 重视、认可、支持、培养和研究儿童的学习过程；
- 学习过程的记录可以用于回忆、评估和倡导；
- 室内外环境和自然空间能够转变、启发、激励思考与学习；
- 学校是一个追求社会正义、社会责任、人类尊严和尊重所有人的地方。

我们的理论框架、灵感和教学方法的选择都深深植根于社会建构主义理论。皮亚杰的研究给了我们启示，他认为知识的获取是一个不断发展的过程，而心灵是认知结构的集合，这些认知结构不断变化，相互影响。我们还参考了维果茨基的研究，他的研究主要集中在儿童构建知识和意义的过程中成人扮演的角色。"支架"（scaffolding）一词被用来描述一个过程，在这个过程中更有知识的学习者采用一定的方法，通过热情、积极回应、共同解决问题来指导年幼的学习者。最后，意大利瑞吉欧·艾米莉亚学校的教育工作者为我们提供了问题情境以及倾听教学法，帮助我们反思自身的自然教育。

在大自然中的探究循环

为了帮助孩子们更好地理解他们在自然界中的位置，以及不断深化孩子们的认识，我们通过探究循环引导孩子们在户外学习环境中探索、提问和解决问题。我们的探究式学习基于以下要素：

- 儿童视自己为积极的思考者；

- 日常的教与学启发儿童的思考；
- 重视、认可、培养和研究儿童的学习过程；
- 重视对话对学习的重要性；
- 重视合作；
- 制定倾听策略；
- 儿童的成长不以牺牲其当前的身份和童年阶段为代价。

这些探究要素为我们的项目工作提供了长期、深入地研究和表征的框架。儿童的探究项目，与他们在户外环境中的探索联系在一起，表现出美好、智慧、创意以及对世界的尊重。我们的项目工作创造了以下契机：

- 建立联系，扩展意识；
- 表征体验并为儿童的想法提供情境；
- 拓展语言；
- 建立关系，发现共性，记录多样性；
- 引发思考，激发想象；
- 重视过程，而非结果；
- 分析对话和经验；
- 和儿童一起，或帮助儿童建构意义；
- 创建课堂学习共同体。

探究性的项目工作有助于儿童关爱周围的自然世界，我们的三个自然维度分别是：

1. 地方感，了解普雷西迪奥，认识当地的动物和植物。
2. 主人翁意识，学会照顾周围的环境。
3. 管理者意识，学会维护周围的环境。

为了更清楚地说明这三个维度如何指导我们与儿童一起开展的自然探究，我们通过两个简短的故事来阐述探究与自然教育的联系。首先，肖娜讲述了她与 16 个 3—5 岁的孩子在一起的两年经历,接下来凯尔茜讲述了她与 17 个 3—5 岁的孩子一起在大自然中培养地方感的故事。

巨魔桥的故事——了解普雷西迪奥,培养管理者意识

我们的主要目标是培养儿童在班集体和户外环境中的归属感,晨间小组里都是 3.5 岁的儿童,他们中有一半是新来的。我(肖娜)和配班老师特雷弗·瓦伦蒂诺每周会带 4 个孩子进行两次徒步旅行,这样每个孩子每月都可以经历两次徒步旅行,去同一个地方,那就是孩子们钟爱的"巨魔桥",这个地方因横跨在小溪上的一座旧砖桥而得名,周围植被茂密,附近还有一棵可以攀爬的树。

孩子们在小溪边玩耍,这里被他们亲切地称为"巨魔桥",他们尽情地玩着钓鱼游戏

普雷西迪奥附近有许多我们喜欢的步行目的地,它们的名字都是由孩子或教师起的。给一个地方起名字是为了与周围环境建立一种关系。在很长一段时间里,我们每周都会带孩子们去同一个地方,希望孩子们对彼此更适

应，对环境更熟悉，知道附近有这样一个能提供充足的时间让他们沉浸其中的地方。正如纳班和特林布尔（Nabhan & Trimble, 1994）所证实的那样，"对我的孩子和其他人来说，几个令人感到亲密的地方比我向他们展示的所有壮丽景观更有意义。因为我感觉到了他们在那里的舒适感，对我来说，巴掌大小的庇护所已象征了真正的亲密感"。

为了营造一种崇敬的气氛，并将自己设定为特殊地点的观察者和参观者，我们轻手轻脚地沿着小路往前走，耳边甚至连悄悄话都听不到。我们用这种安静而神奇的方法邀请孩子们仔细聆听小鸟的叫声，它们仿佛在宣告孩子们的到来；同时，请孩子们专注地发现这个地方自上次参观以来出现的任何变化。孩子们最喜欢的活动是用树枝在小溪中"钓鱼"，然后在桥内窥视是否有巨魔的任何迹象，这不可避免地引发了关于巨魔是否存在的争论。

10月底，全班小朋友和几位家长志愿者一起参观了巨魔桥。教师和家长们决定一起"游行"（步行）到我们最喜欢的地方，这很符合我们的自然研究。那天，一行人冒险走得远了一点，在一棵古老的大树桩旁停了下来。令人惊讶的是，他们发现了新东西：一个动物的洞穴。特雷弗和我向孩子们提出问题，以激发他们对动物洞穴的认识和疑问（"你注意到了什么？谁住在这里？你有什么想法吗？"）。不料，家长们很快就说出了答案（"鹿不会生活在普雷西迪奥，但土狼和臭鼬住在这里"）。我们悄悄地示意家长们停下来，重新引导他们倾听孩子们的想法；现在给孩子们讲这些事实还为时过早——孩子们的惊讶和好奇不应让位于成人的逻辑。

洞穴的发现引发了新一轮的探究。在数据收集阶段，我们带着孩子们反复到洞穴旁观察，他们拿着画板和铅笔记录洞穴的形状，以及注意到的任何新特征（刚下过雨；它还会在那里吗？会发生变化吗？）。

一个研究小组在动物洞穴旁停下来进行观察记录

其中一些调查活动是由家长志愿者带领的,他们做笔记,然后向全班汇报他们的发现,重点关注孩子们的想法和行为。我们开展所有项目工作的第一步就是找到孩子们想法中的共同点,并将其根植于共同建构理论中。作为开展这个项目的第一步,我和配班老师特雷弗指导孩子们列出他们认为可能生活在洞穴里的所有动物。我们并不专注于解开洞穴属于谁的谜团,而是通过思考洞穴来扩展儿童的学习。洞穴有什么特征?它们是如何建造的?它们建在哪里?洞穴为动物们提供了什么?结果,孩子们讲述了许许多多关于森林动物的精彩故事,这也反映了3—4岁儿童有关安全和家庭的价值观。孩子们接下来的游戏是在森林里用树枝搭小窝,可以是鹰(或棕熊、浣熊)的窝,还有需要养育的幼崽。我们注意到,孩子们精心创作的故事迅速地把他们联系在一起,增进了彼此的关系,也培养了谈判能力。

对洞穴的研究带领我们在普雷西迪奥开展了许多探险之旅,孩子们寻找可能的动物家园,并根据可识别的特征对它们进行分类。经过几次森林之旅，孩子们都成为树枝搭建专家，活动还延伸到接下来的春季学期将要开展的编织活动。孩子们对栖息在普雷西迪奥的动物有了更丰富的认识，并且开始对寻找这些动物产生兴趣。我们与孩子们和家长们携手，成功地培养了孩子们在社会环境和自然环境中的归属感。

第二年，我和特雷弗很幸运能继续与同一群孩子在一起。秋天，我们继续在普雷西迪奥散步，沿着幼儿园后面的绿道继续往前走。每到新学年，我们都会提出新的想法和倡议，同时重温上一年度的故事，寻找共同的线索，以建立学习共同体。秋季项目包括重温孩子们在编织和搭树枝方面的本领，以及了解教室里的新宠物——壁虎。临近秋末的时候，孩子们在绿道上有了新的发现：森林里有一个美丽的地方，那里耸立着一个巨大的、神秘的由树枝搭成的建筑，很像恐龙骨架。在一次全班讨论中，去过那里的孩子们汇报了他们的发现，我们想知道这个建筑物是怎样到那个地方去的。我问孩子们："是森林里的仙女搭的吗？是不是安迪·戈德沃西[1]（Andy Goldworthy）？是一群来自海湾学校的小朋友们搭的吗？"大家沉默不语很长一段时间，突然一个孩子说："肯定是森林里的仙女搭的。"

就在这段对话之后不久，孩子们将树林中这块特别的地方命名为"仙境"。他们用从绿道上收集的原木和其他自然材料在教室里建造仙境，还用衣物夹和布料做了许多小仙女。孩子们创作的故事与表征反映了他们在共同构建仙境的概念和意义时逐渐形成的主人翁意识。有几次，孩子们带着日志重返仙境，他们收集、记录和讲述仙女们的故事。在一次探访中，他们发现了令人气愤的一幕：一袋狗的粪便被留在了仙女们特殊的恐龙骨架上。孩子们非常生气和担心，他们觉得自己有责任代表仙女保护仙境的美丽和安全。

寒假回来后，我们问孩子们接下来想在仙境里做些什么或继续研究什么，孩子们热烈地讨论出三个主题：制作一些像稻草人一样的恐怖东西来保护仙境免受"坏"垃圾的伤害；制作告示牌提醒所有访客不要丢垃圾；更加仔细地调查仙女的房屋。孩子们自发组成三个调查小组来达成以上目标。每个小组都带

---

[1] 英国地景艺术家。——译者注

着自己的调查重点,以研究者的身份多次到访仙境。稻草人小组详细记录他们计划悬挂稻草人的树木,并讨论户外场地使用哪种材料最好、最经久耐用,还讨论怎样才能让稻草人看上去更吓人,比如用火球和尖刺。他们研究纸面团,并结合之前在编织金属丝方面的经验,决定为稻草人制作金属框架。

垃圾小组的成员们在绿道上寻找更多的垃圾,并采访许多在这里遛狗的行人,询问他们如何处理狗的粪便。在此过程中,他们发现一些遛狗的行人会把袋子留在路上,然后等返回取车的时候再捡起来。为了准备制作告示牌,垃圾小组决定在木块上测试各种类型的胶水,看看哪种最牢固。第三个小组,仙女之家调查组,拍摄了许多他们在仙境里找到的进入仙女之家的入口。当小组成员们重温这些照片,创作仙女的图画时,他们决定为仙女们建造一个仙女电梯,这样他们就可以帮助仙女们更容易地到达位于树顶的入口。孩子们决定建造一个滑轮系统让电梯可以升到树上去,于是去五金店采购需要的零件。

这是一个孩子画的仙女电梯,旨在帮助仙女们到达树的顶部,那里可能是她们的家

整个春天，孩子们一直致力于各自的项目，因为他们送给仙女的礼物是为观众准备的，并且和教师们在仙境计划了一个特别的"展示日"，邀请家长参加。班级还决定组织一个捡垃圾日，与地球日不谋而合。为了将家长视角纳入计划，教师提前通知家长，家长通过每周在线日志了解孩子们在森林中的调查情况。所有家长都支持捡垃圾计划，还有一位家长全程陪着我们。虽然我们很少要求孩子们参与这种环保活动，但是这群孩子不仅为倡导环保做好了准备，对普雷西迪奥这片特殊之地的热爱和关心还让他们产生了一种由衷的管理者意识，觉得自己有责任和义务来守护这块土地。

一棵受伤的树的故事：通过自然探究培养儿童的地方感

我们班一共有17名3—4岁的儿童，也被称作小海湾班，我（凯尔茜）和配班老师詹娜·贝特丽在这一年里一直在寻找开展集体活动的方法。作为一所崇尚社会建构主义的幼儿园，我们的目标和责任始终是创建合作的课堂学习共同体，从而共同构建对世界的认识。在开学的头几个月里，我们用各种各样的方式激发孩子们的兴趣，比如通过讲故事以及重访肖娜在上一个故事中描述的"巨魔桥"来寻找探究的"火花"。

虽然我们努力让孩子们团结在一起并建立起归属感，但孩子们仍然习惯于站在个人的角度思考问题，而不是从集体的角度思考问题。在一次每周例行的谈话活动中，我和詹娜决定重新审视我们的思维方式，以及我们与孩子们一起开展探究的方式。在谈话活动中，我们得出了这样一个结论，那就是孩子们对巨魔桥有着很深的感情，由此决定将巨魔桥作为第三位教师，以此把孩子们团结起来。牢记牛谷幼儿园的指导原则之一"每个儿童都是有能力的、能干的学习者"，我们开始问自己三个问题来指导与儿童的合作探究：

- 儿童如何发展在使用工具方面的能力意识？他们如何表征正在学习的知识以及正在构建的理论——批判性思维的一个重要方面？

- 儿童如何在社会环境和自然环境中感受自身的力量与影响力？
- 儿童如何理解自身行为对他人或自然环境的影响？

通过对大自然和自然材料的探索，我们用这些问题为接下来与小海湾班儿童的共同探究提供分析框架。我们一旦对自己的观点进行反思，就能更清楚地看到什么样的活动可能引导孩子们开始以集体的视角思考问题。第一个学期快结束时，我们之间产生了"火花"。

火 花

我们每周都步行去巨魔桥，这是孩子们一年里重复到访的地方，而"火花"就产生于其中的一次步行活动中。许多孩子觉得普雷西迪奥的这个地方对他们来说意义非同寻常。作为个人，他们确实有一种归属感，但孩子们尚未形成一种集体感来与这个特殊的地方建立关系。在这次步行过程中，孩子们注意到一棵被砍倒的树。当他们走近时，一个孩子发现树上有一些树液。我和詹娜认为这可能是一个产生火花的好机会，于是我们冲到那棵树前说："哦，不，那棵树在流血！"目的是吸引孩子们参与对集体来说可能很重要的事情。正如卡洛琳·爱德华兹及其同事在《儿童的一百种语言》[1]中所说，"教师需要与儿童展开一种智力对话，与他们一同兴奋和好奇"（p. 151）。孩子们马上表现出对这棵树的关心，并开始讨论这棵树发生了什么，以及他们能为它做些什么。孩子们似乎都热情地一致同意，这棵树需要小海湾班的共同关注。

---

[1] 该书的简体中文版由南京师范大学出版社于2014年出版。——译者注

记　　录

我们首先引导孩子们记录他们注意到的细节以及对这棵受伤的树的疑惑。每次我们重访这个地方时，都会让孩子们花一点时间更仔细地观察，并促使他们提出问题。在去巨魔桥的路上，孩子们带着以前用过的田野观察日志来记录想法。

在与儿童合作探究的过程中，教师的角色是接纳儿童的想法，并为儿童创造机会验证这些想法。回顾孩子们想法的方法之一是利用集体讨论环节。通过全班集体讨论，我们和孩子们进行批判性思考，问孩子们"为什么这棵树如此重要？"以及"为什么要关心这棵树？"。在一次集体讨论中，我们问孩子们："为什么要把这棵树砍倒呢？""你觉得是谁干的？"孩子们有自己的一系列想法和推测。

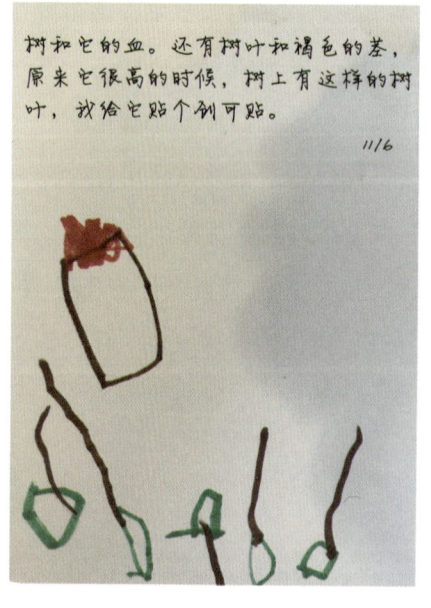

记录想法

记录想法

JS：也许他们需要用它来做厕纸。建筑工人干的。

AN：擦屁股用的厕纸。建筑工人干的。

JC：把它砍倒，建造一座像芝加哥那样的木城。建筑工人干的。

GT：也许他们需要它做些什么。建筑工人干的。

AN：被闪电劈倒的。闪电要用它来建一座桥。

LB：也许闪电来自冬天的暴风雨。

EL：一个小偷把它砍倒了，因为他想杀死它。

EN：建筑工人需要用它来建一座桥。

LB：对树很坏的人干的。也许是一条河。

MCE：一只野兽在夜里用头上的角把它砍倒了。

LL：也许是鳄鱼干的。

GT：一个海盗用剑把它砍倒了。

通过这次对话，我们发现孩子们很了解他人的力量以及自己的主观能动性。

回顾和验证想法

为了尊重孩子们的想法，保持他们参与的积极性，同时为了在幼儿园的班级里重温和讲述关于"受伤的树"的故事，孩子们利用自己成熟的工具使用技能，用纸板、胶带、树枝、铁丝、颜料和自然材料制作了一个小树林。

重建小树林

一旦设定好场景,有了故事背景,儿童就可以批判性地思考树为什么受伤以及如何讲述"受伤的树"的故事。在探究过程中,我和詹娜希望通过对话、分享材料和想法、倾听不同的意见,并提供时间和空间给每个孩子机会表达想法来支持孩子们。我们希望这些方式能够帮助孩子们共同努力,培养他们对自然环境中事物的同理心。他们做到了!孩子们用纸板树林来检验和演示他们关于树是如何受伤的推测。孩子们扮演建筑工人和动物,使用不同的材料验证他们的想法和形成新的推测。

AN:(对建筑工人说)砍另一棵树,不是那棵流血的树。

LB:那棵树会再长回来的。噢,不!他们正试图进入我们的地盘(指向建筑工人)。

AN:我们在保护你免受坏虫的侵害!

MCE:所有被砍倒的树都在流血。人们砍倒了这棵树,因为它太小了。

AN：又一场暴风雨要来了！

MCE：远离暴风雨。

LB：噢，不！我要去找我的仙女朋友。

MCE：哦，天哪，我们离开这里吧。凯尔茜，暴风雨来了。我们需要找地方躲起来（假装自己是建筑工人）。

AN：哦，不，我听到一声闪电。暴风雨杀死了我一只正在祈祷的螳螂。这家伙很伤心。等等，它还活着，它能保护自己免受暴风雨的袭击。暴风雨带来了火灾，这对虫子们来说可不是好事。

MCE：火可以让树的血液保持温暖。

AN：不过火会伤害虫子和其他树木。

孩子们关于这棵树如何受伤以及如何帮助这棵树的想法，向我们展示了他们渴望拥有保护环境的力量。所以，我们回到了最基本的问题，即如何提供帮助。我们知道自己无法修复这棵树，但至少可以做点什么让它觉得好受一点。许多孩子最初的想法是，这棵树需要一个创可贴，所以我们就从这里开始。我们研究了受伤的树的照片，然后一起决定应该用什么材料制作创可贴，它应该是什么样子的。制作完成之后，孩子们来到巨魔桥上给受伤的树贴创可贴。

孩子们很想为受伤的树做些什么，这个活动再一次让孩子们将自己的想法付诸实践。

通过了解和关心这棵受伤的树，以及了解如何积极地共同影响彼此、他人和这棵树，小海湾

帮助受伤的树

班的孩子们一起成为树木保护者。"受伤树项目"为孩子们日后成为一名公民奠定了基础，他们不仅是班级的一分子，也是整个幼儿园和当地环境的一分子。小海湾班的孩子们开始关心自己以外的事物了。通过合作探究，孩子们对环境有了更多批判性的共同思考，也形成了保护自然——特别是保护树木的责任感。

接下来探究和保护环境

本章呈现了两个简短的故事，展示了我们与儿童的合作探究如何培养儿童的地方感、主人翁意识、管理者意识，这是我们幼儿园的指导原则。在幼儿园里，成人和儿童合作，共同构建我们与周边自然世界的关系。成人介绍和引导孩子们对自然空间的初步发现。成人表现出对大自然应有的态度，为孩子们树立榜样。树立榜样的关键在于探究、记录和反思。与大自然形成一段持久、相互影响的关系需要时间。决不能急于将儿童暴露在我们对环境造成的伤害中，以及告诉他们我们这一代人有责任和义务去弥补过去几代人的疏忽造成的后果。如果让儿童成为大自然真正的管理者和保护者，与户外环境保持终身的联系，就必须首先尊重儿童与户外环境接触的权利，而且这种接触应该富有意义且令人感到身心愉悦。

第 6 章

发现黑色的光辉与美丽

工具栏 6.1　科学与自然核心要素

- 对自然栖息地进行开放性探索
- 了解动物（鸟类）的运动和进食偏好及规律
- 通过长期观察和讨论获得有关当地鸟类的知识
- 在小组讨论和全班讨论的过程中使用科学术语与词汇
- 将科学知识与儿童日益发展的社会正义和公平意识建立联系

工具栏 6.2　探究的核心要素

- 让儿童参与有关自然和动物生活的对话
- 拍摄儿童在大自然中自发的探索和社会交往
- 通过书面笔记和日志记录教师的观察与思考
- 用批判性的种族反思来思考自然探索和观察之间的关键联系
- 用手工制品和参考书来激发儿童的讨论与思考

"我们去喂松鼠吧。"早晨 7 点刚过，我一边带着戴维来到后门存放野生动物食物的架子前，一边对戴维说。戴维不喜欢第一个到幼儿园，如果我不

找点活动来分散他的注意力，他就会焦急地望着幼儿园的门口，等待他的朋友们来，所以每天早上我们都会一起喂野猫、小鸟和小松鼠。

这是一个比较复杂的过程。小野猫们出生在周围邻居家的院子里，5年来它们总是跑到幼儿园的后门，每次我打开门，它们刚好就在门外。最小的那只总是跑进来，让我轻抚它那毛茸茸的白毛，然后再和另一只略显谨慎的朋友碰头。我有两个装满食物的盒子，把第三个交给了戴维，让他把盒子拿到阁楼的栏杆上，松鼠已经在那里等我们了。我们先把猫粮倒在盘子里，这样鸟儿来的时候就不会太饿。戴维把剥开的葵花子倒在栏杆上，我加了带壳的花生，因为剥了壳的花生总是会滚来滚去。然后我们悄悄地走回屋内，站在窗边观察，从窗口往外看，可以看到幼儿园的后院和附近的公园。

"松鼠真是太疯狂了！"戴维笑着说，我们看着松鼠们跳来跳去争抢食物。它们一边盯着食物，一边看着那些地位较低的成员竭尽全力想吃一点早餐。当年长的松鼠朝左边追逐一只松鼠时，另一只突然从右边窜出来，加入这疯狂的松鼠抢食运动。我们曾见过多达15只松鼠从坚果上跳到栏杆上，再跳到上面的树枝上。有时，在我们投放坚果时，它们也不会跳开，只是坐在栏杆上，等着我们退后。有几次它们吃光了坚果，就栖息在树上，尖叫着，好像在命令别人赶紧去商店再买些坚果来。我们也试过其他食物，比如饼干、葡萄、葡萄干，或者蓝莓，但松鼠很挑剔，它们甚至不喜欢吃杏仁。

斯特勒松鸦来得最晚。它们要等到松鼠的狂热平息下来之后才来。它们并不害怕松鼠，经常在松鼠旁边进食。戴维认为，这些鸟儿只是不喜欢到处走动。不像松鼠只在早晨和日落前才来，斯特勒松鸦已经记住了我们的喂食时间。它们早上和松鼠一起来，但是在春天和夏天，我们会在外面的野餐桌上吃点心和午餐，他们一天会来好几次，叫唤着让我们拿出更多的坚果。如果我们动作不够快，并且后门敞着，它们就会飞进房子自己取坚果，因为它们知道我们把坚果放在哪里。斯特勒松鸦不像松鼠那样对食物那么挑剔，它们还喜欢意大利面和土豆泥。

戴维喜欢斯特勒松鸦，因为它们有很酷的莫西干发型和蓝色的眉毛。它们有时从树上看着我们，模仿老鹰的叫声吓走松鼠，让它们不敢吃坚果。当真正的鹰出现时,它们会冲向树林,发出危险的警告。突然,鸟儿们一下子全飞走了,戴维和我透过玻璃窗盯着天花板栏杆上方的树枝,这时一只鸡那么大的乌鸦悄悄地停在了上面。

"哦,不!"他说,脸上充满了恐惧和担忧,"那可不是一只好鸟!"

他呆住了,惊慌失措,但显然想要跑出去救那些松鼠,可松鼠们仍然坐在那里,完全没有意识到危险。

"你为什么觉得乌鸦不好呢?"我问。

"因为它长得黑漆漆的。"戴维回答道。

作为一名生活在美国的黑人女性,我对肤色,尤其是黑色,非常敏感。我知道戴维只有3岁,但他已经做出了一些关于颜色和含义的判断,这些判断可能会影响将来他对自己、他人和世界的认识。戴维是萨摩亚人,他的家人中有许多是棕色人种。他的哥哥蒂诺的肤色是温暖的焦糖色,而他和弟弟安德鲁的肤色是浅棕色。萨普斯(Tharps,2016)在她为《时代》(*Time*)杂志撰写的一篇文章中曾警告说:"外部世界中普遍存在的肤色等级已经渗透到了家庭中,并成为养育子女的隐性和显性教育的一部分。"

> 在这个国家,由于根深蒂固的种族主义,我们知道黑皮肤被妖魔化了,只有浅色皮肤才能胜出。这种情况的发生,恰恰是因为这个国家是建立在种族主义原则的基础上的……肤色浅的人比肤色深的人更有优越感,这是臭名昭著的"肤色歧视"的根源。(Tharps,2016)

如果无视肤色问题和孩子们对肤色的看法,就可能会在无意中助长肤色偏见。

我们都有自己最喜欢的颜色。我喜欢橙色,它让我想起了温暖的秋日,树叶刚刚开始飘落,偶尔阵阵凉风提醒着冬天快来了。戴维说他最喜欢的颜色是红色,因为蜘蛛侠是红色的。等其他孩子陆续进班,我们就询问他们最喜欢的颜色。利奥喜欢蓝色,休和阿黛尔分别选择了粉色和紫色,让我们所有人都感到惊讶的是利亚姆选择了黄色,他说这是欢快的颜色。

让孩子们列出他们认为好的和坏的颜色,我感觉有点棘手,这样的话语通常会让那些你试图避免的想法不自觉地在心中保留下来。我的配班老师很有办法，她剪了一堆各种形状的彩色小纸片放在桌子上，让孩子们用胶棒和背景板来自由组合这些纸片。孩子们的年龄在2—4岁，3个男孩，2个女孩。每个孩子选择一个背景色。所有的孩子都选了白色，除了休选的是蓝色。圆形、正方形、三角形和长方形的纸片被剪成红色、蓝色、绿色、粉色、紫色、灰色、白色、棕色和黑色。当孩子们挑选不同颜色的纸片拼出各种图案时，规律逐渐显现出来。没有人选择黑色。休和阿黛尔制作了一幅风景画，她们用各种形状拼成花朵、房屋和树木，天空中有一个巨大的黄色太阳。男孩们的画则更加抽象，像建筑工程一样将纸片一层一层往上堆叠。即使他们热衷于使用胶棒，他们也没有选择黑色的形状。一周后，我们再次重复这个活动，这次的纸片只使用黑色。跟上次一样，每个孩子可以选择一个背景色，这次孩子们都选择了他们最喜欢的颜色作为背景。他们用黑色的形状做脸。

几年前，在一家非常受欢迎的玩具连锁店倒闭之前，他们举行了一次清仓大甩卖。我等到甩卖快结束时才决定把那些剩下的玩具都买下来。货架上摆着几个零星的毛绒动物玩具，它们全都是黑色的。有一只黑豹，一只黑狗，一只黑猩猩和四只黑蝙蝠，我全买了，同时把班级平日里收藏的所有偏离真实颜色的毛绒动物玩具都扔掉，如粉色的兔子。我观察孩子们怎么玩这些玩具，结果他们毫无例外地把这些黑色的动物当作怪物和坏蛋去恐吓其他的动物。我是不是正在目睹儿童日益发展的肤色偏见呢？

我们要问的第一个问题是：我们在幼儿园里是如何使用颜色的？是否助长了儿童的颜色偏见？在看了孩子们所有的艺术作品之后，我意识到我们只在万圣节使用黑色。蜡笔盒里有几十种颜色可供选择，但最常用的颜色是红色、蓝色和绿色。孩子们甚至会在白纸上使用白色。但是黑色往往用来画眼睛、洞、山洞以及偶尔出现的女巫或怪物。这些色彩活动让我们开始思考有关色彩的联想，比如我们喜欢什么，它是什么颜色。

孩子们迫不及待地想要玩这个游戏，我们从最喜欢的颜色开始。红色非常受欢迎。除了蜘蛛侠之外，孩子们也喜欢红苹果、红色的花朵、消防车、红色的汽车和冰棍，还喜欢蓝色，如天空、水和棉花糖。随着游戏的继续，我们注意到孩子们的许多喜好都与他们实际经验中的具体事物有关。粉色和娃娃联系在一起，橙色和南瓜灯联系在一起。甚至谈到树木、泥土和沙子时，孩子们也喜欢用棕色。但是黑色没有人喜欢，直到最后一个男孩大喊了一声："蝙蝠侠！"

这个讨论可以轻松地转向宇宙超级英雄，但我和配班老师都想让孩子们继续关注颜色，以及对颜色好坏的感觉，所以我们大声宣布至少要有一个喜欢的东西是黑色的，把黑色添加到孩子们的色彩列表中。根据我们的理解，孩子们对颜色的联想与他们的个人经验直接相关，所以需要在他们的世界里找一些黑色的东西，从而使孩子们把黑色添加到他们喜欢的颜色列表中。

由于自然是我们关注的焦点，因此我们想从自然界中寻找一些例子，于是惊讶地发现了许多物种以各种颜色出现。企鹅、虎鲸和蝙蝠都是黑色的，至少身体大部分是黑色的，但那些在动物园或家里常见的动物，如猫、狗、猪、山羊、绵羊和马，都有多种颜色。在去动物园的路上，我们发现孩子们喜欢黑山羊，可是他们并没有注意到颜色，因为颜色无关紧要：一些是棕色的，一些是黑色的，还有一些是花色的。羊和马也是如此。接下来问题就变成：孩子们在自然界中最可能遇到的几乎全身为黑色的动物是什么？我们在鸟类中找到了答案。

旧金山是各种各样野生鸟类的栖息地。有麻雀、花雀、斑鸠、鸽子、海鸥、老鹰、知更鸟、啄木鸟、松鸦、鹦鹉和三种黑色的鸟：牛鸟、八哥和乌鸦。我们回到戴维最初的想法：乌鸦是坏鸟，因为它们是黑色的。我们先不关注鸟类的颜色，而是关注对鸟类本身的探究。

对于乌鸦，有一点我们十分了解，那就是它们喜欢吃花生，不论是带壳的还是去壳的，是烤熟的还是生的，它们都喜欢。我们只要在大清早把花生摆在那里，最后总会有一只乌鸦过来吃。当乌鸦和其他鸟类还有松鼠一起吃东西的时候，我们就在窗户旁边仔细观察。单独一只乌鸦很少表现出攻击性，通常它会与其他动物轮流吃一堆坚果，到一旁吃，吃完了再回来取。只吃了短短几分钟，这只乌鸦就飞走了，几分钟后又和几个朋友一起飞了回来。

"它把它的家人带来了！"戴维兴奋地叫道。现在有五六只乌鸦在吃坚果。我们看着它们盘旋到坚果附近，其中一只总是坐在树枝上像哨兵一样，保护其他乌鸦的安全。在互相交流的过程中，它们不停地发出嘎嘎声和尖叫声，我真担心邻居们会抱怨。乌鸦离开后，我们注意到它们并没有吃掉所有的坚果，而是留下了一些给那些充满感激的松鸦。我们与孩子们谈论刚刚发生的事情，孩子们很喜欢那只把家人带来的乌鸦。这只乌鸦真好，它把其他乌鸦带过来享用坚果，而不是把所有的坚果都留给自己。乌鸦真的是坏鸟吗？孩子们仍然不确定。最后，我问："如果乌鸦是白色的，我们会不会更喜欢它们？"

我也问过学前教育专业本科生同样的问题，答案是一样的——是的，如果乌鸦是白色的，它们会更受人喜欢。这种认为乌鸦是邪恶的看法不仅仅与颜色有关。几个世纪以来，乌鸦一直被当作邪恶和凶兆的象征。从阿波罗到伊索，乌鸦在古代文学中被描绘成一种神奇的生物，它们可以成群结队地奔赴战场，预知谁会是胜利者，并以失败者的尸体为食。在中世纪和席卷欧洲的瘟疫泛滥期间，乌鸦是死亡的象征，它们在布满尸体的村庄上空盘旋。医生们戴着以乌鸦为原型制作的面具，保护自己免受鼠疫的侵袭（Savage，2005）。格林童话将乌鸦的邪恶形象与《睡美人》（*Sleeping Beauty*）中的邪恶皇后以及《汉赛尔与格莱特》（*Hansel and Gretel*）中的神秘女巫联系在一起，从而延续并加深了乌鸦的邪恶形象。在《绿野仙踪》（*Wizard of Oz*）中，乌鸦总是让人联想到邪恶。它们先是在桃乐丝的农场偷玉米，后来成为西方恶女巫的仆人，专门恐吓稻草人。也许我们能从某部儿童文学作品中找到一处与乌鸦的刻板印象不相符的描述。然而，迪士尼为其儿童经典电影《小飞象》（*Dumbo*）创作的乌鸦却是个毫不掩饰的种族主义者。迪斯尼工作室甚至给领衔主演的乌鸦起名为吉姆·克劳（Jim Crow）。这是19世纪30年代初由一位白人喜剧演员塑造的角色，他以黑脸歌唱，通过用黑脸演出无休止地表达对美国黑人的嘲弄，这种表演流派后来变得非常普遍，以至于种族隔离法在颁布时被人们称为"吉姆·克劳法"。带有邪恶意图和种族主义刻板印象的拟人化乌鸦为人类恐惧、憎恨和例行屠杀提供了背景。

抛开历史，我们决定把重点放在对乌鸦的科学调查上。通过调查，我们发现了一些关于乌鸦的令人印象深刻的知识，进而为孩子们收集了一些关于乌鸦的书籍：《我的野生动物朋友：乌鸦》[1]和一本适合这个年龄段儿童的图画书《一只乌鸦的自白》[2]，让我们对乌鸦的日常生活有了一些了解。我们还在自然图书室里添置了一些参考书，如《乌鸦简史：重新认识鸟类世界的智者》[3]和一本精美的摄影杂志《鸟的大脑》（Bird Brains，Savage，1995），让孩子们近距离看到乌鸦和松鸦的照片。迈克尔·明科维茨和乔斯·梅迪纳（Michael Minkovitz & Jose Medina）合著的《谢谢你，乌鸦》（Thank You, Crow，2018）讲述了一个男孩和一只给他带来小装饰品的乌鸦之间的特殊友谊。通过在互联网上搜索有关乌鸦的网页，我们发现了美国公共广播公司制作的电影《乌鸦成灾》（A Murder of Crows: Birds with an Attitude，Fleming，2010）。令人惊讶的是，孩子们被这部纪录片迷住了。两个小女孩——休和阿黛尔——对乌鸦能识别人脸并警告它们的宝宝提防可能伤害它们的人这一事实特别感兴趣。经过一些研究，教师和孩子们列出了所了解到的关于乌鸦的知识：

- 乌鸦5岁前一直和父母在一起；
- 乌鸦可以在野外生活到20岁；
- 乌鸦夫妻终身相伴；
- 乌鸦是最聪明的鸟；
- 乌鸦有自己的语言和方言；

---

[1] 该书的简体中文版由中国青年出版社于2017年出版。——译者注
[2] 该书的简体中文版由长江少年儿童出版社于2015年出版。——译者注
[3] 该书的简体中文版由湖南文艺出版社于2020年出版。——译者注

- 乌鸦会观察人类，并向人类学习；
- 乌鸦是唯一一种不仅会使用工具，而且会制造工具的鸟类；
- 乌鸦可以执行一系列任务来获得它们想要的食物；
- 乌鸦会哀悼另一只乌鸦的死亡；
- 乌鸦会收集东西；
- 乌鸦会做游戏。

通过在大自然中散步时的观察，我们发现附近的乌鸦并不在桉树上栖息或者筑巢，这些桉树种在我们门外公园的两边。

一排桉树

正是在这片开阔的公园里，孩子们在大自然中游戏，以个人、同伴或小组的形式探索大自然。

幼儿独自探索大自然

幼儿与同伴一起探索大自然

我们穿过公园继续往前走,来到一片生长着高大松树的地方,发现树枝上有许多乌鸦。这也是我们开始留下更多花生的地方。由于担心乌鸦找不到散落在地上的花生,孩子们小心翼翼地把花生放在树下和长凳上,然后坐在那里等待乌鸦的到来,但很快就开始在树下奔跑和玩耍起来。教师注意到乌鸦在观望,可能是在等孩子们离开,于是她把孩子们带到树旁边的操场上,让大家从远处观察。果然,乌鸦来了,吃掉了所有的坚果,包括散落在草丛中的坚果。

"它们知道那些坚果是给它们的。"孩子们断定,他们向乌鸦承诺每次到操场都会带些坚果。令人高兴的是,我们在自然界中发现了一些可以让孩子们轻松识别,并且建立积极联系的事物,终于可以把乌鸦添加到我们喜欢的事物列表中了,而且它是黑色的。

最后一项活动(虽然探索项目都没有结束,但我们总是带坚果到操场上)是为孩子们制作乌鸦服装。没有什么比在艺术活动中添加羽毛更有趣的了,但当它成为可穿戴的艺术时,这种兴奋就变成孩子们和教师可以一同享受与重温的活动。

"色彩主义"(colorism)这个词出现在《都市词典》(*Urban Dictionary*)中。虽然这归功于艾丽斯·沃克(Alice Walker)(Tharps,2016),但颜色等级的概念几乎存在于每一种文化中。人们对浅色皮肤的偏好可以从纸袋测试、美白霜和经图像处理过的名人照片中得到证实。为了吸引世界各地的观众，明星们通过调亮自己的肤色、头发和眼睛来提升自己的吸引力，导致大众对颜色的偏见加深。尽管电影制片人、电视网络和出版商试图为孩子们的画册增加色彩多样性，但他们往往会让深色皮肤变浅，以使角色更有吸引力。长久以来，我们一直在进行刻板印象的描绘，丑陋的坏蛋是黑人，而俊美的英雄是白人。然而，最近复制克拉克娃娃的实验（Clark Doll Experiments）表明，绝大多数黑人、白人、亚裔和拉丁裔的孩子仍然对白色持有偏见，即使是在美国第一位黑人总统连续两届任期之后（Cooper，2012）。虽然我一开始时说人们其实无法轻易实现从黑色动物到黑人的多元文化飞跃，就像我班上的儿童一样，但通过探索色彩来打破色彩主义壁垒可能是一个比较简单的开始，尤其是在文化并不多元的学校和教室里。

对教师和家长来说，仅仅帮助孩子们认识到颜色不分好坏就像肤色不分好坏一样可能还不够，因为这对非黑裔的孩子来说是非常重要的一课。对教师和家长来说，仅仅强调马丁·路德·金这样的著名人物可能也不够，因为这些例外并不能消除美国文化中黑人的负面形象和根深蒂固的刻板印象。教师和家长不愿意谈论种族与肤色，这是可以理解的，但也许我们可以从一些最基本的点滴事情开始，比如用心欣赏这世间的美好事物，并与之建立联系，而恰好这些事物的颜色是黑色的。

第三部分
自然为表征与艺术创作提供支持

第 7 章

在森林中探索：野生环境对童年的影响

> **工具栏 7.1　科学与自然核心要素**
>
> - 让儿童通过多种表征方式（绘画、写作、摄影、油泥）了解在大自然中获得的经验
> - 记录当下（在剪贴板上绘画）和不断回顾，后者有助于综合观点
> - 在调查和项目活动开展之前，制订计划，并在某种程度上预测调查结果
> - 通过比较和共同构建对自然界的表征，与儿童讨论表征的含义

> **工具栏 7.2　探究的核心要素**
>
> - 使用故事收集、反思和表征探究数据
> - 使用观察笔记捕捉儿童对自然的探索和教师的见解
> - 用录音录像记录儿童的口头语言、社会交往和科学发现
> - 用审美的眼光表征探究反思

将大自然中的游戏与视觉表征结合起来有助于儿童与野外环境之间建立联系，也有助于教师和父母了解儿童对野外环境的感觉。给地标命名，给一

块土地绘制地图，以及表征某个景观中的细节都可以帮助儿童对一个地方进行深入思考，然后向他人展示他们对这个地方的了解。通过知晓在大自然中找到的各种物体的属性，儿童能发现许多新的材料。给儿童充足的时间去探索一个地方，然后一次又一次地回到那里，鼓励儿童对自然界和他们自身的位置提出问题与想法，然后检验想法，并尝试学习这些问题的答案。

吸引儿童的兴趣其实不需要太大的野外空间，我的两个女儿就在后院的一条小巷子里找到了躲猫猫的地方、小动物、可以玩游戏的地方，还找到了许多可以给仙女们盖房子的自然材料。我们的幼儿园位于一座教堂的地下室，它坐落在一块三角形的土地上，周围一片荒芜。要为儿童、家人和工作人员寻找一个聚集的地方不由得让人想起操场围栏那边的森林。从远处看，它并不是一块特别美丽的土地，但幼儿园还是很幸运能找到这样一个地方。我们称之为森林的地方，后来成为家庭聚会的地方，多年来一直是我们幼儿园课程的中心，直到我们搬到一个新地方彻底安定下来。现在，这所幼儿园坐落在一个宽敞的校园里，旁边是郁郁葱葱的城市公园，那里曾经是一大片土地的一部分。现在有很多地方可供聚集，包括花园、小径和满是鸟儿的荆棘。家长们和孩子们把停车场和大片森林之间一处陡峭的地方称为"小山"。对一所曾经为了空间苦苦挣扎的幼儿园来说，这简直是一笔巨额财富。

然而，教师意识到，他们必须有意识地把森林中的自然和时间放在首位。教师会议是讨论时间限制和内心顾虑的地方，有助于大家欣然接受儿童在自然中自由自在地游戏所带来的风险。指导新手教师认识儿童在大自然中游戏的重要性，以及接受"没有不好的天气，只有不好的着装"这一座右铭，有助于培养教师一年四季探索森林的勇气。像攀爬大岩石，玩树枝和小石头，在小溪中涉水前行之类的活动有很多好处，但可能会把衣服弄得又湿又脏，可能被蜜蜂叮咬，还可能导致碰伤和擦伤，甚至是（罕见的）更严重的伤害。避而不谈对种种风险的顾虑是一项困难的工作，但考虑到户外游戏可以帮助拘谨的儿童放松，或者让动觉型儿童真正动起来，这似乎是值得的。教师们将互相帮助，承担责任，帮助儿童认识植物和昆虫，承担森林管理者的责任，并在需要策略和真正合作的任务中团结在一起，比如在小溪上筑坝。

正是由于学校承诺孩子们的大部分时间会在森林里度过，许多家庭都被这所学校吸引。社区中家长们自发地走到一起与教师团结协作，共同为孩子们提供户外学习体验。从幼儿园到小学二年级，每个班级每周都有一天在森林里上课，不管是雨天还是晴天。大一点的孩子每周会花一个下午待在森林里。父母、祖父母和"特殊朋友"轮流陪孩子们去"森林漫步"。在让森林日变为现实的过程中，家长是教师重要的合作伙伴，他们为所有儿童提供雨靴，例如，捐赠孩子穿不下的旧靴子来换取一些免费的衣物和装备。家长的帮助在很多方面都是至关重要的，从承认风险的重要性到为孩子们提供无数套干爽、洁净的换洗衣物。

穿着雨靴的利奥正在一个大泥坑里玩

我对森林的热爱源自儿时在大自然中度过的美好时光，也源自我作为艺术家和教师的职业。在瑞吉欧·艾米莉亚，艺术家或美术教师被称为艺术指导教师，专门引导儿童开展不同寻常的艺术创意活动。艺术指导教师为儿童提供材料、策略和教学档案来推动他们探索想法，提出假设和检验假设，并进行小组合作。在《使学习看得见》(*Making Learning Visible*, 2001)一书中，意大利瑞吉欧·艾米莉亚黛安娜学校的维·韦基(Vea Vecchi, p.180)写道，孩子们对符合他们意图的任务的反应非常积极。作为萨伯特石角学校的一名艺术指导教师，我发现孩子们开始不断地寻找各种媒介来表征森林，因为这是他们第一次有时间在森林里快乐地游戏和探索。萨伯特的教师习惯为大多数课外活动提供速写本、纸张和黑色勾线笔。在森林里探索时，孩子们用这些工具把观察结果画下来。离开森林时，孩子们通过绘画工具、积木、木工、黏土和刺绣等媒介和材料理解他们在大自然中的发现。游戏时间和用来表征在游戏中形成认识的材料——这两个元素都很重要。

一种可能不太被欣赏的表征方式是用自然材料进行建构。这种方式适用于某个特定地点且是非永久性的。它需要借助摄影、书面描述或绘画来记录，因为刮风、下雨或推倒重做可能会导致它的消失。当孩子们有充足的时间在野外游戏时，他们通常会用树枝、木棍、石头或任何能找到的东西搭房子、开辟道路或改变水道。当一群5岁的幼儿想在森林中创建一个圆形区域时，我不得不仔细考虑从艺术室给他们带点额外的用品和工具。我不想引入太多的人工材料而改变孩子们的体验，但我知道把这些材料黏合在一起对孩子们来说是有难度的。几段麻绳和一把剪刀似乎就已经足够，也不会带来太多的干扰。卡洛琳用一根长树枝、一些叶子和绳子做了一把扫帚。这是一个很好的工具，可以把一块地方打扫干净，这样其他孩子就可以把一些矮树桩滚过来，集体教学的时候大家可以坐在一起。

用自然材料制成的真实的工具

在野外游戏能让孩子们有机会了解自己。像成年登山者一样，孩子们借助大自然来考验自己。对那些想在户外进行集体讨论的孩子们来说，当所有的矮树桩都滚落到位，中心区域打扫得干干净净时，他们就会有极大的成就感。大家围坐在一起，周围是高高的大树，微风轻轻地吹拂着树叶，我们再次唱起熟悉的歌曲，那种感觉是完全不一样的。

同样是这群孩子，他们通过艰苦的体力劳动创设了一小块野外空间，还发现了森林的"魔力"。罗伯特·麦克法兰（Robert MacFarlane, 2016, p. 315）写道："我们毫不费力地称之为'地方'的东西，对小孩子来说是梦想、魔法和各种物质的自由组合。"在打扫和整理集体讨论区域的过程中，扎克找到了一块被风化的三角形树枝，立即把它举到面前。他走了一会儿，然后跪下来，开始在附近一棵大树的树洞里整理树叶和其他自然材料。他不想谈论自己在做什么，所以我就拍了几张照片，让他继续工作。当孩子们身处野外时，像扎克这样的小故事每天都在发生。通过记录这些故事，成人能窥见孩子们对野外环境的多种感觉。伊丽莎白·古迪纳夫（Elizabeth Goodenough）在《童年的秘密空间》（Secret Spaces of Childhood,

用自然材料做的面具

在树洞里搭建仙女之家

2003)一书的前言中将孩子们寻找属于自己的神奇地方的渴望与他们创造故事的欲望进行了比较。"通过组合零散的词语——就像给正在搭建的小房子平衡小树枝或放置一些'松散零件'一样",孩子们"在内心的真实感受和外部世界之间寻求平衡"。

"教学档案"(documentation),瑞吉欧·艾米莉亚学校使用这个词从某种意义上指的是"情境课程"(Rinaldi,2006,p.206),也就是教师的日常教学实践,即观察儿童的活动,通过图片记录儿童的学习,对教学笔记和图像进行反思,以及诠释儿童的学习过程。我将探究与自然探索联系起来的策略往往始于对儿童某种经验的仔细观察。我通过笔记、照片或视频记录观察,或者用一个小型数字录音笔记录儿童的对话。通过对观察结果的反思,我试图寻找一条有效的途径,实现符合孩子们兴趣的某种学习目标。把录音转录成文字非常耗时,反复查看照片并将它们编入有用的群组也是如此。因为计

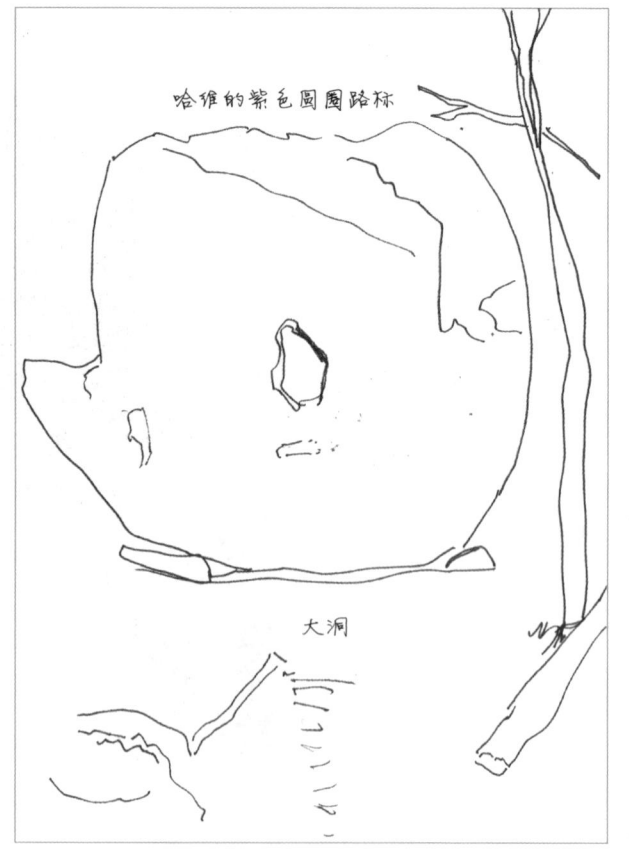

哈维画的沿着林间小路的路标

划时间总是非常宝贵,所以事先在脑海中形成一条观察路径是很重要的;一些线索可能是更深入的探索和学习的途径。然后,在翻看这些照片时,我们可以寻找证据。随着时间的流逝,当孩子们通过记录和讨论重新获得进一步的经验,教师对每一个后续的互动进行反思时,探究的路径就会显现出来。

如第8章所述,绘制地图是儿童用于定义和表征他们与自然环境关系的另一种方式。教育哲学家杰罗姆·布鲁纳(Jerome Bruner,1983,p. 183)曾经写道:"了解某个东西是如何组合在一起的,胜过知道关于它的无数事实。"儿童绘制的地图可以帮助成人了解儿童对一个地方的看法。通常,对儿童来说重要的景观特征与成人首先看到的景观特征非常不同。一方面可能是身高造成的——儿童比成人更接近昆虫、落叶和地上的岩石。另一方面可能是在森林中游戏的特点。当我们在户外时,孩子们不仅观察周围的景物,也会环抱树木,拿起石头找虫子,还会从最矮的山丘上滚下来。他们会给事物(如黑暗而阴森的山洞,在一棵倒下的树干上的叶子、花和草的组合物,还有水牛,以及从一棵被飓风掀翻的树上掉落的巨大球状树根)命名。通过游戏,他们与这个地方建立亲密的肢体和语言联系。绘制地图可以把这些细节交织在一起,扩展孩子们的知识,并帮助他们形成新的理解。

小朋友们正在绘制林间小路

事实证明，地标是儿童将户外探索经验带入表征和认知领域的绝佳起点。有一次，当我暗示孩子们在森林中沿着一条环形小路走，最终到达他们开始的地方——"起点树"时，他们和我争论起来。

我发现，当你在一张很长的纸上画林间小路时，你必须画两次起点树——一次是在地图的开始处，另一次是在地图的结尾处。但是如果你用圆形的纸来画，你可以只画一次。你要不要试一试？

女孩们同意了，并在一张圆形的图纸上画了很多天，但并没有解决我们提出的问题。在反思这个结果时，波皮说：

我认为，看这里，因为这是一个圆，你放的东西……看（地标），它们有点倾斜。然后有的东西看上去是倒立的，有的东西看上去是侧面。你知道，如果它是一条直线，东西是不会倒立着的。

圆形地图——这个地图因为不准确而被拒绝了

最后，孩子们跟我解释说我的想法是错的，他们所表征的旅程最好用一个"曲曲折折的方形"来表示，它不仅可以呈现斜坡和山丘这样的地形特征，还留有空间让所有东西都可以朝上画。

地图上显示的这条路曲曲折折

约翰·杜威（John Dewey，1934，p. 43）写道：学习来自完整而有力的体验；情感是其重要的组成部分，而真正的体验是不断"流动和变化的"。在大自然、原生态的环境中的游戏具备最佳学习体验的所有特点。儿童对森林的体验是强有力的，随着四季更迭以及探究的潮起潮落而流动和变化。森林中的游戏让有着共同目标的儿童聚集在一起，也许是因为他们的身体与高大的树木和广阔的空间相比显得很小。因为我很想了解和分享儿童在森林里的成长体验,所以作为教师,我的目标是让儿童在与大自然的互动中养成表征的习惯。

从撰写本书的第一版开始,我们就已经明确提出儿童需要充足的时间在大自然中游戏,因为这类游戏对儿童保持身体健康有着非常重要的作用。大自然中的游戏对儿童的认知和社会情绪学习也大有裨益,然而关注这一点的研究文献并不多见。户外环境为儿童开展探究提供了广阔而丰富的区域。尤其是未经修饰的野外环境充满着神秘色彩,正等待儿童来发现。对儿童来说,即使是一小块野生环境,他们也会对昆虫、树叶、树根和野果产生浓厚的兴趣。那里有很多东西可供观察、触摸、绘画、自由想象和讨论。高大的树木、巨大的岩石,以及儿童的身体在水中滑稽的倒影;此外,他们了解到,通过合作,可以改变野外环境的某些物理布局。通过仔细观察儿童表征自然空间的方式,如假装游戏、想象、视觉表征和集体讨论,成人可以进一步了解儿童在关注什么,以及他们还想学习什么。教师在儿童表征的引导下,设计富有挑战性的探究活动,从而提高儿童初步掌握的各种技能。教师还可以敏锐而深思熟虑地记录儿童与大自然的互动,从而促进儿童的学习。关键是,儿童要有充足的时间在大自然中游戏,并与某个地方建立关系,且成人愿意退后一步用心倾听。

第 8 章

把森林画在地图上：通过记录推动自然探究

工具栏 8.1　科学与自然核心要素

- 精心设计开放式活动，引导儿童关注和观察课堂之外的自然世界，并把自己的想法记录下来
- 创建基于共同兴趣的学习小组，有组织地探索学校附近的森林区域
- 使用指导性问题，如"怎样才能把学校里的所有孩子都带到森林里去"，进而指导小组探究
- 在森林地图的创作与完善过程中，儿童与教师合作建构意义

工具栏 8.2　探究的核心要素

- 设计并使用自然观察站，便于儿童观察大自然
- 自制有机玻璃窗，用于观察大自然
- 用记笔记和录音的方式记录儿童关于自然的对话以及"丰富的想法"
- 分析儿童森林之旅地图绘制的目的和形式

在森林里，孩子们通常将我们视而不见的东西展现在我们眼前。他们能引导我们认真思考，从而改变教育实践。如果用心观察和倾听（Rinaldi，2011），我们就可以通过孩子们的视角在自然世界中捕捉到一些东西，并找到自己观察自然世界的新方式。

作为社会中的成人，我们当中的许多人发现自己已经与大自然隔绝。即使对那些想尽办法与自然界保持密切联系的教师来说，这个以成人为中心且充斥着争论的社会总是左右着我们为儿童和自然所做的决定。每当计划让儿童接触野生环境时，指导模式通常涉及对教育的渴望和对危险的担忧，尤其是对儿童安全的担心。在这里，我想向大家介绍一种完全不同的模式，并揭示它的价值。

接下来，我想和大家分享一个故事，讲的是我第一次记录自己如何鼓励儿童关注周围的大自然，以及我从那次经历中所学到的东西如何指导我后来的教育实践。虽然我之前已经找到了在其他环境中（甚至是在沥青遍地的城市环境中）让孩子们接触大自然的方法，但我从来没有记录过那些经历。正是通过仔细观察和用心倾听，记录下孩子们在大自然中的活动，并对记录的内容进行深入思考，我才逐渐明白孩子们给我带来的启发。记录和与之相关的用心倾听让我的教育实践发生了翻天覆地的变化。

这个故事说明，儿童在与大自然接触的过程中会采用一种直觉和自然的方式，成人如果用心倾听，就能悄然明白他们的想法。从这次宏观的观察中，我总结出以下两点经验：第一，儿童不仅能为野生环境中的各种元素赋予重要的含义，还能表征它们；第二，儿童能正视和处理自己对自然环境的恐惧，并为成人树立榜样，示范在同样的环境下如何应对自己的恐惧。

对树木和森林视而不见

我们这所幼儿园的两边被约 4000 平方米的森林包围；从停车场到学校的小路两旁长满了松树、桉树和橡树。这些树都很高，如 15、18 或 21 米高，但孩子们从未提起过这些树。事实上，孩子们每天都会决定从笔直地矗立在幼儿园入口小径中央的一棵大松树的左边或右边走。有时，他们甚至会玩一会儿捉迷藏，躲在树后面，看看迎接他们的老师是否发现他们不见了，然后四处张望，哈哈大笑，兴许还会再玩一次。但是孩子们仍旧没有说出这些树的名称，也没有提到它们，甚至没有谈论过它们。而对那些被鼓励画出自己对世界的理解以及周围环境的孩子们来说，除了最具代表性的5岁孩子的画——你知道的，房子、树、太阳和彩虹，其余的画里没有一棵树。在孩子们的眼里，森林里的树木——或者森林——似乎都不存在。

当孩子们每天经过森林时，他们似乎把大自然当成理所当然的东西。是不是这些树木太高大了，无法进入孩子们的视野？或是成人对孩子的体验所做的框定削弱了他们的兴趣？还是小路本身带来的挑战以及与停车场之间的关系造成孩子们对森林和树木的关注不够？也许都有可能，对2—5岁的孩子来说，这是可以理解的。但年复一年地路过这些高大雄伟的针叶树和落叶树却无视它们的存在，这有道理吗？我们认为没有。孩子们对此付出的代价是什么？对这片小而可爱的城市绿地而言呢？对更大的环境而言呢？对我们所有人而言呢？

森林之窗：第一扇窗

我们的课程受到意大利瑞吉欧·艾米莉亚幼儿园的启发，我们明白儿童的兴趣是开展探究的要素，所以开始思考如何激发孩子们对森林的兴趣，如何让孩子们真正看到树木和林地。

我们的第一步是逐渐展开的。在教室的任何一处能看到森林的窗户旁设置带有脚凳的观景台，邀请孩子们走上前向远处眺望；在宽敞的窗台上放置望远镜，让孩子们更仔细地注意学校的整个环境，包括教室外的环境。我们假设孩子们会对陌生环境中的熟悉物体产生兴趣，于是将细小而又令人惊喜的物品依次放置到森林深处，如一个塑料长颈鹿，一个鲜红色的小球，还在窗台上放写字板，为孩子们准备白色的画纸和勾线笔。

接下来，孩子们开始注意、惊呼、绘画。起初，孩子们画得更多的是操场上的器材棚,没有画很多树木。于是我们更换物品,添置一些新的物品。孩子们开始往森林深处看,最终对树木的兴趣超过了对这些物品的兴趣。

森林之窗:另一扇窗

为了让森林更大程度地展现在孩子们面前,教师们和家长们合作设计并安装了一块有机玻璃窗,取代了靠近森林的一块近2米高的操场围栏。由此,我们在森林中创造了另一扇更引人注目、靠近树木的窗户。

我们几乎马上注意到孩子们在窗外的场地上创作的自然景观。一组儿童在窗户旁边的沙池里辛勤工作,建造了一个峡谷的模型,也就是他们所说的"大洞"。在他们看来,这个大洞与森林的特点最接近。

在沙池里建构森林景观——
一个被孩子们称为"大洞"的峡谷

我们为孩子们的兴趣倍感高兴,并借此机会组成一个小组开展进一步探究。这个小组由三名沙池峡谷建造者和另一名儿童组成,这名儿童的身上有一种与生俱来的对户外环境的亲近感,她自发地仔细观察和绘制生长在操场上的野生蘑菇。我们建议小组成员探索峡谷边缘和森林深处,并且,正如我们刚刚学会做的那样,用一个问题进一步激发孩子们的兴趣,如:"如何才能把学校里所有的小朋友带到森林里去呢?"

与此同时,我一直在与自己不愿进入森林的想法做斗争。城市的林地里爬满了有毒的藤蔓,我对它们严重过敏,从小就能在30步以外的地方发现这些植物。在森林里行走,如果不踏进或踩着这些藤蔓就很难前行,所以我用了几个下午仔细清理距离学校最近的森林小路,并利用小组讨论时间让孩子们熟悉"三种树的叶子"。

最终:森林及其特点

到了春天,林中的小路变得清晰多了,有机玻璃窗也安装就位,一组儿童在沙池里搭建,他们的观察和表征能力让我们惊叹不已。我决定带这组儿童到森林里去。他们带着画板和铅笔走进森林,然后停下来绘画各种各样的东西,如小草、蘑菇、岩石、路标,以及特别的树木、宽阔的池塘。

孩子们第一次森林之旅的亮点是遇到了一棵庞大的树,它被连根拔起,横卧在一条小溪的两岸,这条小溪将森林一分为二。孩子们站在河边,从有利的位置可以看到那棵树发达的根系,以及仍然沾满了泥土和石头的球状树根——树根相当庞大,大得好像能遮住所有的孩子。

刚发现这棵树的那一刻,孩子们似乎非常吃惊,他们绞尽脑汁地理解和描述这个奇怪的现象。

> 汉娜:我找到一座桥。不,我没有。它是一棵倒下的树。
> 亨特:那是一座树桥。
> 汉娜:不是,是一棵树倒了。
> 埃里克:就像一座桥。

孩子们决定把它画下来,于是亨特给它起了个名字"山",这个名

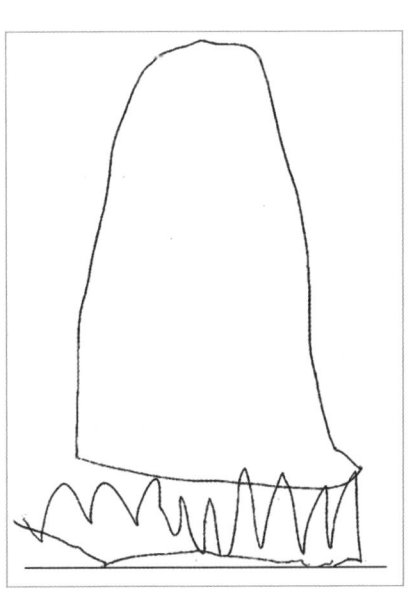

孩子们把那棵倒下的大树的球状树根画了下来,他们称之为"山"

字从此保留了下来。

随着孩子们进一步探索、攀爬、挖掘石头和泥土，他们推测这棵树的组成和用途。以下是儿童交谈的片段：

> 埃里克：这是一棵树。
> 汉娜：我刚用力踢了一下，感觉它硬得像块石头。
> 亨特：我觉得小动物们会来吃树上的树叶。
> 汉娜：附近没有动物。它们都怕你。
> 一群人齐声说：树干和岩石粘到一起了。岩石的泥土下面肯定有蛇、蜥蜴和虫子。

孩子们探索了多么丰富的概念啊！这座"山"是没有生命的岩石吗？它有生命吗？可以用树叶喂养小动物吗？或者是两者兼有——一棵树和岩石长在了一起？爬行动物和昆虫的栖息地？孩子们的仔细观察，对各种想法和认识的假设、验证和比较让我们所有人与这座"山"的关系更加深入。

关于地图的故事

全身心地投入森林探险中之后，我们回到教室。由于是合作探究，我们总感到有责任把自己所学到的东西带给幼儿园这个学习共同体中的所有成员，我把森林探险者们带回到最初的问题，那就是如何让更多的孩子到森林里去。

小组成员们讨论这个问题，这是他们的思想向前迈进的地方。

> 亨特：不行。他们不能来。我们如果把所有的孩子都带来，就找不到回幼儿园的路了。那么多孩子，会碍事的。
> 老师：什么东西能帮助我们找到回去的路呢？

亨特：指南针。

汉娜：地图。

孩子们踊跃发言（激动得说话声此起彼伏，充满了各种各样的想法）：这样我们就能找到回去的路了。用望远镜！这样我们就能看得更清楚。

制作一个能让他人用来进入森林参观的物品，这样的想法激发了儿童的浓厚兴趣。同事们和我一起思考在孩子们的对话中涌现出来的各种想法，我们认为制作地图对这些孩子们来说是一个令人兴奋的挑战——需要团结协作和共同参与。

我一提出这个挑战，孩子们就迫不及待地承担起了绘制地图的任务。我们为这个小组做了一系列的准备工作，我复制他们在第一次森林探险时所画

一组儿童正在绘制森林地图

的各种自然物体和特征，并用硬纸板做背衬，这样孩子们拿起来更方便些，我还给他们准备了一张很大的纸和许多绘图笔。我以为孩子们会热烈讨论和协商这些物体的位置，可是非常有意思的是，他们没有产生任何冲突，而是兴奋地把路标放在纸上，然后把它们贴在合适的地方。在我看来，这是一种随意的方式。然后，他们迫不及待地在这些物体之间和附近画了几条曲折蜿蜒的小路。这些标志性的物体有"山"、峡谷、树木、草地，甚至他们在森林中留下的足迹。

当孩子们对自己绘制的地图感到满意之后，我们重新回到森林。我提议通过将地图和我们自己定位到操场和学校来验证地图的准确性。当我们向前走时，我提醒小组成员们将沿途的自然特征与他们在地图上放置的特征相对应。我们确定了第一个主要特征——"大洞"，并从那里开始。但很快，我们沿着这条路和地图来到一个停靠点——一个岔路口。在他们地图的正中间有一个分叉。我在地图上指给孩子们看，他们已经把那座"山"放在了岔路口，可是我请他们再仔细看看，我们前面只有一棵树——从我们站的地方看不出那座"山"。他们承认这张地图不太准确，于是决定画一棵树来代替那座"山"。当我问那座"山"现在应该放在哪里时，他们都指向了树的右边。我们改变了地图上那座"山"的位置，然后沿着地图上的路线向中心右侧移动，就在他们知道的地方，那座"山"出现了。

在接下来的几个环节中，孩子们完善了地图，然后逐步制作一张大的告示牌，上面写着"不要掉进水里"，并画了一幅小朋友们站在"山"的树桥部分的图画。到这项工作完成时，孩子们已经从幼儿园毕业一年了。所以在最后一次森林之旅中，他们很满意有这张地图作为资源，其他人会很安全，于是他们邀请更多的孩子一起走进森林，并在"山"附近的一小块空地上张贴这张告示牌。

夏天来临时，正值幼儿园放暑假。有一天晚上，我在家里又想起孩子们所说的"山"以及它在地图上的位置。在傍晚的余晖中，我走进客厅，看到丈夫和两个上小学的女儿正在专心致志地阅读《国家地理》(*National Geographic*) 杂志。我把头伸过去仔细一瞧，发现他们正在研究一张波利尼西亚岛上的居民们用贝壳和纤维制作的地图。丈夫解释说，岛上居民的这幅地图表征了环绕他们的岛屿和邻近岛屿的主要海浪形态，这幅地图还能用于导航。

我仔细地看着这幅地图，惊讶地发现这些当地地图与我所知道的传统地图竟有如此大的差别。这个想法让我不禁想知道，既然可以用各种各样的方法绘制地图，那么为什么四五岁孩子绘制的地图会与我们特定文化中所认识的地图如此相似。制作地图的材料固然不同，但我意识到岛上的居民一定是把掌控着他们进出岛屿以及他们与邻近岛屿接触的海浪视为所处环境中最显著的特征。受到这幅地图的启发，我再次仔细研究孩子们绘制的森林地图。我是不是遗漏了与绘制地图有关的核心要素？

当我再次观察孩子们绘制的地图时（我不得不说，惊出一身冷汗），我注意到地图正中间居然还有一座"山"。这是我第一次注意到它，然后我才回忆起来，当孩子们制作地图时，其中一个孩子把"山"的形状剪下来贴在纸上，恰好就在正中间。当"山"位于地图正中间的时候，孩子们在它周围画了一遍又一遍，指出地图上来往的路径。然后，我们回到森林，当我让他们注意"山"的"真实"位置时，"山"就按照我们以学校为参照的"适当"定位被"正确"地重新安置了，孩子们在地图上把"山"挪到了别处。在已被挪动的"山"周围的痕迹中，依然可以寻找到原始位置的证据。凝视着"山"的轮廓，我突然意识到，孩子们原来把他们最喜欢的地标放在地图的正中心，是为了凸显它的重要性，无论是在他们的视野中，还是在这片大森林中。

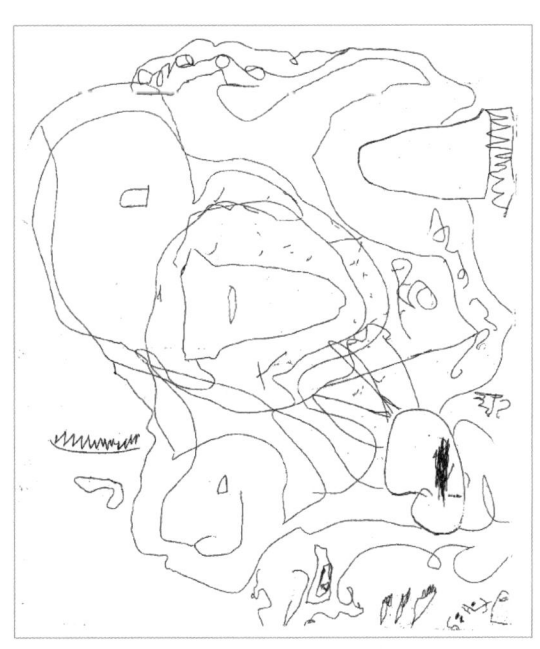

"修正"后的地图，正中间居然还有一座"山"

大约 1 年以后，我读了内布汉和特林布尔（Nabhan & Trimble）的《童年地理：孩子为什么需要野外环境》（*The Geography of Childhood: Why Children Need Wild Places*，1994），它再次证实了我的观点：孩子们在森林里首先识别的就是地标。"儿童和成人都是从地标开始描述环境的。一般来说，在大脑发育完全（大约 4 岁以后）之后，儿童才开始识别地标。"（Nabhan & Trimble，1994）我所说的"特点"其实就是帮助孩子们区分森林中一个地方与另一个地方的地标。可以说，从孩子们第一次进入森林的那一刻起，他们就在绘制路线图；后来他们用直觉回应我们所提出的要求，为一个未知的空间，一个自然的空间（森林）绘制地图。凭借直觉，孩子们把位于他们视野中心与森林有关的事物放置在地图的中心位置。当我极力想要修正这幅地图时，我忽视了它所传递的重要信息。

对孩子们来说，绘制地图是令人兴奋和鼓舞的活动，我忍不住思考，如果当初我没有为孩子们设置定位活动，他们绘制的地图会是什么样子的。我如果当初把孩子们绘制的第一幅地图完整地看一遍，那么能从他们的想法和对森林的理解中学到什么呢？如果当初我能立即注意并尊重他们的想法，那么他们会不会以"山"为起点，绘制走出森林的地图呢？如果地图能清楚地反映出他们认为重要的事物，以及他们的观点，那么他们会不会觉得地图更有意义，赋予他们更多的主人翁意识呢？孩子们还会继续绘制地图，跟随地图的指引走得更远吗？

在接下来的几年里，这些问题以更广义的形式多次为我的工作提供方向和指引，但在这个故事发生的时候，我已经采取了另一种探究方式。孩子们对森林里危险的担忧引起了我的兴趣，我决定更直接地探索他们的恐惧。不出所料，当我把他们说过的关于森林里的恐惧和危险的话告诉他们时，他们大部分的谈话都围绕着"山"/树桥以及树桥在溪流上的位置。森林的整体特征包含了孩子们想要了解的更为重要的事情——如何面对野外的危险，如何征服内心的恐惧。

关于蛇树的故事

这是森林探究项目的另一个方面，它强调仔细思考观察记录所产生的更细致的学习对教师的价值，为帮助教师正视自身对于森林的恐惧指明方向。

孩子们对危险的关注多次出现在去森林的途中，所以我决定直接与孩子们讨论这个话题。我已经掌握了一些技巧，能让孩子们重新回忆他们说过的话：用最有力量或最重要的词重新点燃他们的兴趣；用困惑最多或蕴含最大学习可能性的词激发他们的进一步探究。所以我给孩子们读了他们自己所说的话，其中包含对恐惧的表达，比如担心带太多小朋友到森林里去会让他们迷路。但他们最担心的是"山"/树桥，他们担心从树桥上掉到下面的小溪里。汉娜说："如果我们不在那里，人们就不会明白（过树桥有多危险）。他们会掉进水里，然后沉下去。救命啊！救命啊！（她把救命时的样子演了出来）"

在听这段对话的录音时，我听到一阵兴奋的声音，还有一个小朋友建议制作一个告示牌，写上："水深危险。"制作告示牌的想法得到了小组成员们的赞同，就在孩子们热烈讨论的时候，大家一致同意将告示牌上的内容改为——"禁止下水"。

小组成员们绘制出了小朋友们从

孩子们把告示牌固定在"山"旁边的一块空地上，上面写着"禁止下水"

树桥上走过的图,然后寻求格雷斯安的帮助,她在画字母方面很熟练。这位新成员以一种意想不到的方式发挥了小组领导的作用。从一开始,亨特就坚信森林里有蛇。从我们的回顾活动中很容易看出来,虽然亨特经常提起森林里有蛇以及蛇会带来麻烦,但他决定不让这种恐惧掌控自己,因为他一次又一次地向小组成员们提起这个问题,试图在寻找一种解决方法。当我们和告示牌小组(现在包括格雷斯安)一起走进森林时,一个孩子建议我们把告示牌挂在某棵特定的树上,亨特反驳说:"那里有蛇,(如果)蛇爬出来,它们的舌头就会把蜡笔都舔掉。"他推断那棵树不是一个悬挂告示牌的好地方,因为蛇会舔掉告示牌上的所有字母和画。

当格雷斯安提出另一个关于将告示牌挂在树上的建议时,亨特再次证明那样会有多么可怕。下面是孩子们之间对话的节选。

> 亨特:那是一棵蛇树。
> 老师:你认为蛇会影响告示牌吗?
> 亨特:是的。因为它有锋利的牙齿。
> 汉娜:只有响尾蛇才有锋利的牙齿。
> 亨特:我就是这个意思,因为那是一棵响尾蛇树。

亨特继续反对其他人的建议,他提议用荆棘丛,因为"如果蛇爬到那里,那些东西(刺)就会卡住它,它们会试图抓住它"。

过了一会儿。

> 亨特:这些都是蛇的东西,除了那些刺人的东西以外。
> 老师:亨特害怕蛇。
> 汉娜:那块大石头呢?
> 亨特:连石头上都有蛇。
> 格雷斯安:我不相信亨特(她转向其他人),你们相信亨特吗?(然后她提议)我们可以找一根棍子,把它粘在棍子上。

面对格雷斯安的怀疑,亨特稍稍改变了立场。

> 汉娜:马蒂,蛇在哪?
> 老师:格雷斯安说她不相信有蛇。
> 亨特:是的,有蛇。但是它们在睡觉。

亨特似乎(简直)在建议让蛇休息。蛇似乎真的去休息了,因为他再也没有提起过它们。这是为什么呢?当格雷斯安拒绝害怕蛇的时候,蛇对亨特来说是不是就没有那么危险了?看来格雷斯安的自信让亨特在这片荒野中寻找到了一个新的舒适点。她把这份自信传递给亨特。害怕有危险,在很大程度上,其实是一个片面的观点,格雷斯安和亨特共同构建了一个关于森林的新观点,一个更加积极的视角。

作为教师,在森林里完全信任孩子们或我们自己,其实并不容易。但有趣的是,当我保持清醒的头脑去观察森林项目中的孩子们时,当我重新审视自己的记录时,当我注意到他们是如何面对危险,克服恐惧时,我仿佛看到亨特和格雷斯安在为我和同事树立榜样,当我们在探索学校周围更广阔的森林时,我们也可以用这种方式克服自身的恐惧。答案其实很简单:让勇敢者带队。

结　语

这些经历引申出一个问题,不断尝试用新方法教导儿童的成人经常会想到的问题——我们能用从未学过的方法教儿童吗?如果不行,那么如何在实践中解决这个问题?

为此,我们学校的教师们携起手来结成对子,无所畏惧的人与充满恐惧的人一组,充满冒险精神的人与胆怯的人一组,甚至那些需要(象征性地)牵着对方的手的教师,实际上也开始了对自己的自然教育。在我们的案例中，教师们一组接一组地向森林出发，他们只身前往，没有带儿童，于是有更多时间惊讶于自己害怕的事物，探索陌生的事物，在树木繁茂的浩瀚中感受自己的渺小和脆弱。教师们徒步穿越森林，与同伴一起探索。在这个过程中，一位接一位的教师不得不强忍着内心的抗拒与焦虑。与同事一起的森林之旅给了教师们充足的时间来消除恐惧，用知识和快乐取而代之。教师们用这段时间重新构建自己的经验，并回到焦虑得以控制的儿童身边。这个过程让教师们在今后陪伴孩子们进入森林时，学会期待意料之外的惊喜，以及欣赏大自然的野性之美。

在我们称之为"森林项目"之后的几年里，同事们在森林里承担了比这一开创性工作更艰巨的挑战。一位勇敢的教师和一群3岁的孩子在森林里度过了一年中的每一天，整个上午，无论下雨还是晴天，哪怕在最冷的日子里。我们从他们的身上明白，孩子们可以利用森林中零散的素材为自己创造新的挑战，他们还建立了新的友谊，来帮助他们共同努力。

与此同时，我们把学校搬到了一片近11万平方米的土地上，与近40万平方米的野生城市公园毗邻。寻找一个有助于儿童融入大自然的新环境是搬迁的一个战略目标，是我们初衷的延续，目的是唤起孩子们对周围树木的注意。现在，在距离第一次森林探险十几年之后，从幼儿园到八年级，所有的学生每周都在森林里度过。孩子们在林地的池塘里扔石子，搭建自然小屋，在小溪里筑坝或架桥。他们甚至接受数学挑战和写作挑战。孩子们一次又一次地在巨大的峡谷中考验自己的本领，学习如何跳过溪流，爬过原木，爬上倒在地上的是他们身高3倍的球状树根。

这些关于森林的早期经验其实并不容易掌握。它们处于潜在的休眠状态，直到后来，当我们对观察记录进行认真反思的时候，它们才出现并指导我们的思考。这些元认知的收获来得太晚，无法惠及以上故事中的孩子们，但这些对森林进行前期探索的记录材料——照片、录音和教学档案——改变了我们的实践。当我们允许教学从学习共同体所有成员的积极参与和研究中发展而来时，新的学习和最佳实践就会出现。因此，我向这些森林故事中天真的儿童和无畏的教师致敬，他们不仅为活动提供了指引，更为日益发展的野外学习实践做出了重要的贡献。

第 9 章

自然教育与项目教学法

工具栏 9.1　科学与自然核心要素

- 围绕某个观点或概念进行长期、深入的调查，不仅包括科学概念，还包括艺术、语言、数学和其他课程领域
- 为不同的儿童群体选择与个人相关且可进行亲身调查的主题
- 通过指导促进儿童的发展，用广泛的指导性问题帮助儿童进行探索
- 使用科学家的方法和实践，进行收集、分析和汇报循环

工具栏 9.2　探究的核心要素

- 以合作和小组的方式观察与记录儿童在项目中的学习
- 定期收集儿童的作品和游戏案例
- 收集儿童在项目各个阶段的学习照片
- 使用教学档案展示儿童的工作和学习
- 使用问题列表记录和扩展儿童的问题与发现

项目教学法简介

儿童早期自然教育的主要目标之一是帮助儿童深刻地理解他们在自然环境中的体验，以及他们在这些环境中的位置。大多数儿童很容易对周围的自然现象产生兴趣，如动物、植物和天气。正如约翰·杜威（1996）很久以前提出的那样，成人在支持和引导儿童的兴趣方面起着关键作用。我们可以帮助儿童建立对自然的终身兴趣，并培养他们在日常生活和环境中欣赏与理解重要自然现象的品质。

事实上，学前儿童最感兴趣的东西可能正是成人熟悉到厌烦的事物，如走廊里的蜘蛛，人行道上一片特别的树叶，操场上堵塞的下水道周围的小水坑。但蜘蛛、树叶或水坑都可能成为深入调查的基础，从而引出更多值得探究的主题。

儿童对一片特别的树叶的兴趣可能引发关于树的探究项目

在项目教学法（Katz & Chard, 2000）中，项目是课程的核心部分，在这个过程中一组儿童，有时是个别儿童，对某个特定的主题进行深入的调查研究。大多数与项目直接相关的活动包括语言、艺术、数学和其他领域。随着项目的不断深入，教师可能会经常在故事时间分享与项目主题有关的书籍，也可能引入与主题有关的各种音乐活动（如歌唱、欣赏、演奏乐器）。项目还能为教师提供机会，支持儿童与同伴和成人之间的社会互动。

与自然有关的项目可以由主班教师单独指导，也可以与配班教师合作，以小组的形式进行。当两个或两个以上班级同时调查一个主题时，教师们认为合作是积极有效的。半托机构的教师有时也可以让上午班和下午班的班级参与同一个项目，为班级儿童创造机会，彼此分享材料、手工作品和关于项目的一些资料。

项目为所有参与的儿童带来了诸多裨益。教师在计划任何学习活动时的中心问题包括：应该学习什么？什么是所有参与的儿童，大多数儿童，尤其是个别儿童应该学习的？可以将这些问题的答案定义为四种类型的学习目标：

1. 知识和理解
2. 技能
3. 学习品质
4. 情感

任何深入的调查都有助于拓展儿童对一系列相关主题的知识和理解（Katz，2010）。收集和展示数据的过程能促进儿童各种技能的发展，如绘画、写作、测量、建模和访谈。将项目整合到课程中可以改善儿童的学习品质（或思维习惯），正如儿童天生"好奇好问"——拥有探索周围事物并进行深入了解的强烈动机和兴趣（Katz，2015）。项目为儿童创造机会，让儿童通过小组合作和个人探究对调查做出重要贡献，这能够促进积极情感的产生，如自我效能感、对班级共同体的归属感、对周围事物和人的浓厚兴趣，以及对自己的学习和创意感到满意。

在当前强调标准化测试的背景下，与儿童一起开展项目的教师也许很想知道教育的学业目标和智力目标之间的区别。学业目标是指与获得细小而彼此独立的信息元素相关的技能，通常指读写识字能力或算术能力，这些能力的获得必须通过大量的机械训练或纸笔练习，以及能为这两项能力做准备的其他类型练习。课程中的学业元素是指那些要求正确答案，依赖机械记忆和学习者对标准程序的应用，而不是展示自己的理解。教学活动主要包括学生把正确答案报给教师，因为他们知道教师在等待答案。尽管"学业"（academic）一词的传统意义之一是"几乎没有实用价值"，但这类信息是阅读和其他学术能力的重要组成部分（Katz，2010）。

另一方面，智力目标及其相关活动则以最充分的方式体现思维的生动性。智力这一概念的定义强调推理、假设、预测、猜测、提出问题、产生和分析想法，以及寻求理解。项目为儿童与生俱来的品质和倾向提供了丰富的情境，有助于儿童充分利用观察、体验、周围环境以及培养上述列出的所有学习品质。

学业目标和智力目标都必须受到认真对待。使用项目教学法的教师通常发现孩子们非常想要掌握基本的学业技能，例如，为了更好地追求智力目标，孩子们急于掌握基本的读写能力和算术技能。在项目中，孩子们似乎更容易体会到掌握各种学术技能的目的和用处（Katz，2010）。

项目中的教学档案是指不断地进行观察记录，以及保留儿童的作品，从而展示儿童的学习经验和发现。在关于树的项目中，教学档案可以包括儿童的野外写生或拍摄的树木照片，儿童的野外笔记，记录不同地点树木数量的统计表，描绘他们从树艺师那里所学内容的图画或笔记，各类植物种子的黏土模型，还可以是几名儿童一起向教师汇报他们到公园进行实地考察的故事。除了能够帮助儿童记录和分享所收集的数据之外，教师在与自然有关的项目中进行记录还能促使自己有意识地关注儿童对自然的认识，以及儿童在项目中使用了哪些技能。基于教学档案提供的丰富数据，教师能够就如何最好地支持每个孩子的发展和学习做出明智的决定。通过对项目教学档案的认真研究，我们可以深入了解儿童在哪些方面取得了进步，而这些内容是学校普遍采用的标准化测试所无法提供的（Katz & Chard，2000），因为这些测试可能与儿童对自然的理解和认识毫无关系。

与儿童一起开展自然项目

为自然项目选择一个主题

在帮助儿童选择项目主题时,教师通常发现最好的方法是关注潜在熟悉的且当地特有的自然现象,因为儿童有机会获得亲身体验。潮汐项目可能适合居住在沿海城镇的儿童,但不适合住在落基山脉附近的儿童。热带风暴可能不会立即引起阿拉斯加农村孩子们的兴趣,但生长在路易斯安那州,并且经历过5级风暴的孩子们在飓风项目中可以充分利用自己的亲身经历。与自然相关、更遥远的主题(恐龙、北极)更适合年龄稍大的儿童,因为他们对地理和时间的理解更成熟。(当然,了解这些无法进行亲身调查的地域和现象对儿童并没有什么坏处,但根据我们的发现,这种类型的调查不适合用于项目。)

来自全国各地的教师向我们介绍了一系列自然项目,如"河里的软体动物""箱龟及其亲戚""鱼类和钓鱼""操场上的松鼠""蠕虫堆肥""学校花园"和"学校后面的峡谷"。

幸运的是,如果教师希望获得已经开展的自然项目的具体信息,网上有许多这类项目的报告可供参考。我们想强调的是,促成这些项目的教师并不是这方面的专家。就像在项目中经常出现的情况一样,教师们和孩子们共同学习,双方都将对这个主题有更多的认识。

开展项目的三个阶段

大多数教师发现,将项目分为三个连续的阶段是很有帮助的。我们现在通过一个树项目来阐述各个阶段。

阶段 1——项目启动

项目的第 1 阶段包括选择要调查的主题。通常情况下，孩子们和教师在一些讨论之后能对大致的主题达成一致。一个好的主题应该是大多数孩子感兴趣的主题，或者至少是潜在感兴趣的主题，并且可以通过亲身体验和动手操作进行调查。例如，树项目适合用于北美的许多地区（但不是所有地区）。

在第 1 阶段，教师邀请孩子们回顾他们与该主题相关的经验。教师可以安排一些介绍性的活动，尤其是当孩子们对主题似乎不太熟悉的时候，比如听一个相关的故事，进行一次实地考察，探索相关的物品，或者观看一个适宜的视频。例如，在探究树项目中，教师可以带一颗橡子、一个松果、一根带有树叶或针叶的小树枝、一张倒下的树的照片，或其他与树有关的物品，然后以小组为单位，鼓励孩子们回忆自己与这些物品相关的经历。接下来，教师可以建议孩子们用绘画的形式表征自己与树相关的记忆，从而便于孩子们与同伴分享他们绘画中的故事。

随着第 1 阶段的推进，教师引导孩子们总结、表征和记录他们对主题已有的认识和理解。许多教师用孩子们的观点建构出一个"主题脉络"，以此记录孩子们在项目刚开始时对主题的理解和疑问。当看到自己的观点被写进主题脉络中时，即使是那些还不会阅读的孩子也能从中获益。教师将完成的主题脉络图贴在孩子们容易看到的地方，并在整个项目过程中帮助孩子们不断完善脉络图。

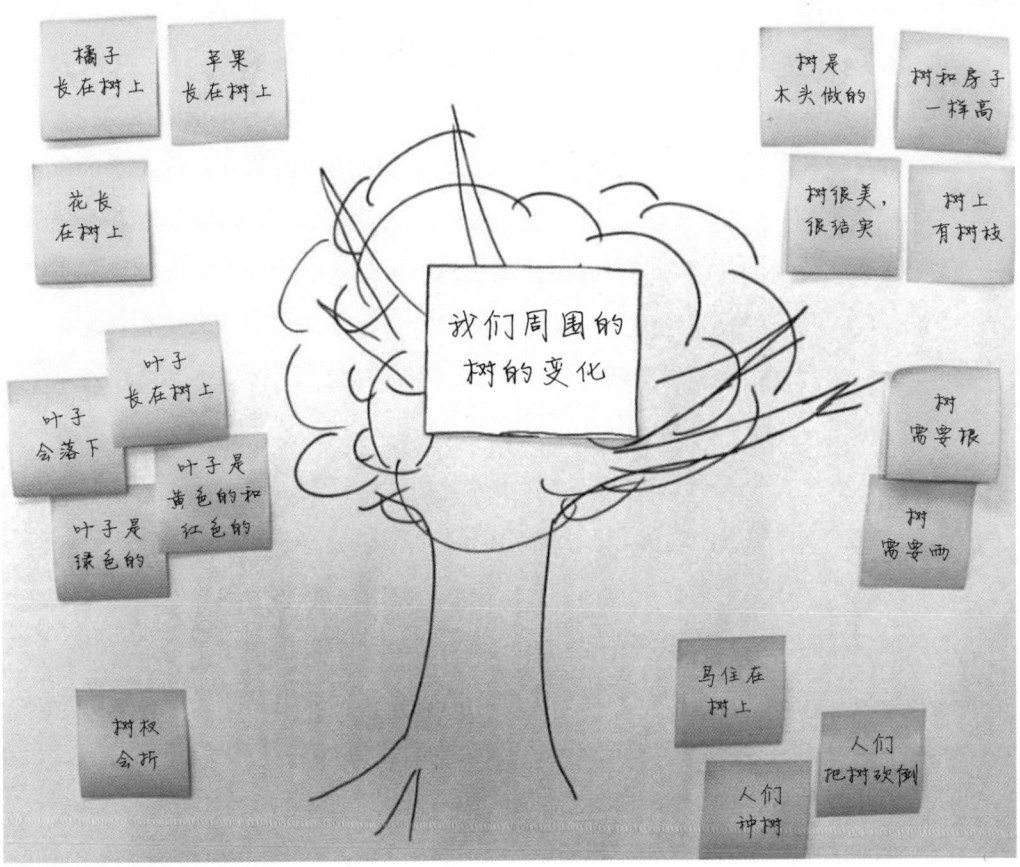

关于树的主题脉络图是基于项目开始时孩子们对这一主题的认识和理解而形成的

第1阶段还包括生成问题列表，并根据这些问题设计后续的调查。许多教师使用问题列表记录孩子们的疑问，为后续的实地调查做准备。问题列表能帮助教师反思孩子们目前对主题的理解处在什么水平。

关于树的问题列表的节选显示了三个问题和相应的预测

问题	预测	调查结果
人们为什么砍伐树木？	因为他们想用原木生火。	
树叶为什么开始是绿色的，之后是棕色的？	因为有人不给树浇水。因为某些东西伤害了树叶。	
树上有花吗？	有，因为我的树上就有花。没有，因为花长在地上。有些树有花，有些树没有花。	

在项目刚开始的时候,询问幼儿园的孩子们关于这个主题有什么疑问通常是徒劳的。他们也许还不能完整地表达对这个主题的疑问。因此,更有效的方法是询问孩子们:"你想要了解树的什么呢?"如果一名儿童回答"我看到有人在砍树,我不想让他砍树",那么教师可以用问题的方式将儿童的困惑表达出来:"你的问题也许是'为什么人们要砍树?'。"如果儿童点头确认他的疑惑就是为什么人们要砍树,那么教师可以将他的问题列入问题列表中。一旦问题被列入问题列表,教师就可以邀请孩子们预测他们认为有哪些可能的答案,并在问题旁边的一栏中列出预测。有时,当一个孩子给出合理的预测时,教师可以用友好、真诚的语气询问:"你为什么会这样想呢?"在这些情境下进一步探查儿童的思维能培养其检验自己的预测和观点的学习品质。这是在项目教学法的所有三个阶段中都要强调的核心要素。

问题列表在整个项目中扮演着重要角色,就像主题脉络图一样,应该放在孩子们随时能看到和参考的地方。当孩子们和教师添加新的问题与预测,并填写调查结果时,它向我们提供证据,展示孩子们对主题的认识和理解是如何一步一步丰富起来的。虽然孩子们还不会阅读,但是当他们看到自己的疑问和想法在课堂上得到解答与验证时,他们会受益匪浅。

教师一旦记录下孩子们最初的疑问和预测,就可以继续追问孩子们,如何才能找到答案。孩子们会去哪里?他们会问谁?

阶段1中与儿童的记忆、主题脉络和问题列表有关的对话,将帮助教师了解孩子们对主题的认识和理解,以及可能存在的误解。

根据孩子们已有的项目活动经验和对该主题的已有认识,第1阶段通常持续一两个星期。

阶段 2——收集数据

在阶段2中,孩子们收集数据来回答阶段1中的问题。教师可以帮助孩子们形成小组,调查与整个大主题相关的特定子主题。小组的形成通常基于孩子们在主题脉络图和问题列表中所反映的共同兴趣。例如,如果两三个孩子都问哪些动物栖息在附近的树上,那么他们就可以组成一个小组专门调查了解这些动物。一个对橡子好奇的孩子可以与另一个喜欢收集松果的孩子组成种子探究小组。

第2阶段的活动包括实地考察，绘制相关现象的观察草图，采访与主题相关的专业人士，进行调查，发放问卷，以及用其他方式收集和呈现相关数据。例如，在树项目中，孩子们可以参观果园、植物园，以及附近有几种树木的公园，或者观察学校附近的一些树木。他们可以使用科学家常用的设备来收集数据，如放大镜、双筒望远镜、测量工具、标本罐等，也可以对自己感兴趣的某一棵树、一片树叶、一颗果实、一个鸟巢或修剪树木的工具进行勾画或拍摄照片。

儿童可以使用科学家常用的工具来观察和收集数据

他们还可以采访植物学家、树艺师，或者木雕艺术家，或者使用调查问卷从家人、邻居和同伴那里收集数据，问一些问题，比如"你爬过树吗？"或者"你家院子里最大的树大概有多大？"。

在各个调查小组中，孩子们可以在教师的帮助下对第2阶段的数据进行梳理和分析。根据儿童的年龄和经验，以及可利用的资源，孩子们可以使用各种各样的媒介和方法记录自己的发现，如绘画、图表、模型、表格、音乐、假装游戏和语言表达等。

参与树项目的整个班级可以用自然日志持续地记录观察结果，例如，每周记录

这是一名4岁儿童画的树叶，她注意到树叶的中脉等脉络

几次对特定树木的观察。有些孩子可以制作图表来比较他们所测量的几棵树的周长。其他儿童可以制作图表或三维模型来描述一棵树的关键部位（树冠、树干、树根等）。还有一些儿童可以收集各种各样的树叶，用野外指南来识别它们，并给它们命名。孩子们如果对树艺师的工作感兴趣，就可以把角色扮演区变成树艺师工作坊，投放一些修剪树木的工具和一辆用大纸箱做的卡车。

在第 2 阶段，教师帮助各个调查小组汇报他们的发现，并征求同伴的建议和解答同伴的疑问。在项目的这一阶段，教师还会指导孩子们将正在开展的调查展示出来，以便他们和他人从不断丰富的学习中获得启发。展示可以包括各种各样的教学档案，如草图、模型、教师或孩子拍摄的照片、孩子之间对话的转录，以及有关他们的发现和经历的其他表征形式。第 2 阶段可能持续几周或几个月，这取决于主题、调查的深度、儿童可利用的资源、儿童的年龄以及他们参与项目的经验。

有时，收集数据的过程会导致新主题的产生，从而取代原计划的主题。例如，调查树木的孩子可能对生活在树里面或树旁的昆虫、哺乳动物、两栖动物、鸟类和爬行动物产生浓厚的兴趣，从而使树项目变成一个或多个关于这些动物的项目。只要新的主题是丰富的、有用的，项目主题的转变就能够扩大儿童萌发的自然学习。

阶段 3——项目结束

在项目的最后阶段，儿童和教师一起检查调查结果，并反思在调查中的发现。他们一起回顾主题脉络图和问题列表，看看是否已经解决了项目刚开始时提出的所有问题。这对于儿童的探究式学习和教师反思儿童从项目中学到了什么以及如何学习都是至关重要的。

关于树的问题列表节选显示出孩子们已经回答了一些他们最初提出的问题

问题	预测	调查结果
人们为什么砍伐树木?	因为他们想用原木生火。	人们砍伐树木的原因有很多,有时是把它当作柴火,有时是因为昆虫伤害了树木,或者树木生病了或死了,或者它妨碍了建筑或电线。
树叶为什么开始是绿色的,之后是棕色的?	因为有人不给树浇水。因为某些东西伤害了树叶。	树木生病或死了时,树叶会变成棕色。秋季,当树木不再结果时,树叶就会变成棕色且干枯。
树上有花吗?	有,因为我的树上就有花。没有,因为花长在地上。有些树有花,有些树没有花。	有些树有花,有些树没有花。

然后,在教师的指导下,儿童计划并进行最后的项目展示,与家人或学校的其他人分享。第3阶段的总结活动通常标志着项目的结束。总结活动可以是创作一本关于该项目的书供家长分享,也可以是邀请家长和其他班级的儿童和教师进班参观。总结活动的类型取决于以下几个因素:儿童的年龄和兴趣,儿童和教师的项目工作经验,以及可用的时间和资源。

阶段3的一个重要工作是项目教学档案的完成,即始于阶段1并贯穿整个项目的教学档案。到第3阶段,儿童的作品可以呈现出多种形式,包括各种图形表征、建模、笔记本、自然日志、相关物品的收集、相册,还可能有幻灯片或视频。教师通常还会用照片、视频、笔记和孩子们活动的草图来记录调查的整个过程。

教学档案的基本目的是讲述项目的故事:它是如何开始的,引导调查的主要问题,以及收集和表征数据所涉及的主要活动。因此,教学档案的展示应该具有清晰的叙述性质,包括所描述事件的时间。第3阶段的教学档案还可以包含教室外墙上的展示,以及作品架,上面摆放着儿童建造的模型,他们用照片和报告制作的书,以及其他一些物品,这些物品都有助于儿童回顾他们的经验,以及与他人分享他们在项目中所学到的东西。完整的问题列表可以放在项目的最终教学档案中。儿童还可以学习扮演向导的角色，帮助家长和其他参观者翻看教学档案中所呈现的工作故事，并回答参观者提出的有关项目的问题。

在项目中，教师可以尽早让儿童知道他们的调查故事将会展出给他人参观。但是，不太可能有足够的空间来展示每一项实地调查或项目的所有细节。因此，教师必须深思熟虑，做出选择。教师可以让孩子们参与讨论，谈谈他们认为没有参与项目的人最感兴趣的会是什么。问以下问题通常是有帮助的，如"在树项目中，你最想让别人（你的父母或其他班级的小朋友）知道什么呢？"以及"你觉得他们（你父亲、你妹妹、园长等）会对什么东西特别感兴趣呢？"。

作为树项目的总结环节，一直研究生活在树上的动物的调查小组也许会决定给参观者展示一幅蚂蚁的草图、一只松鼠的照片和一个鸟巢的模型。他们还可以在操场上的一棵树下设置展示台，正是在那里他们观察到了这些小动物。研究树叶的调查小组可以把自己收集的树叶放在一张桌子上，邀请参观者在纸上描画树叶。每个孩子都可以在总结活动中扮演一个角色，尽管角色可能有所不同。

自然项目的优势与挑战

优势

开展与自然有关的项目，除了具有项目教学的一般优势以外，还有助于对儿童和教师产生积极影响。组织自然项目的教师应该记住，他们不一定非要"介绍"儿童去接触大自然；相反，项目工作可以使儿童对他们已经遇到的自然现象获得新的认识。即使很少出门的儿童也会对天气、植物和动物有一定的了解；项目工作可以加深和拓宽他们对这些和其他自然现象的初步理解。根据不同的主题，一个自然项目可以帮助儿童更加熟悉基本的科学活动（观察、收集数据、预测、假设、分析、解释）和科学概念，如分类原则，对部分与整体之间关系的认识，对物体结构及其功能的知识，以及对模式、循环和系统的识别。例如，在树项目中，儿童可以更好地理解一棵树的结构，以及根和叶等部分如何使树维持生命。他们还可以了解树在其生命周期中发生的变化，以及树如何支持其他生物的生存。

知道自然现象是极其复杂的，对儿童来说是最有利的。这些自然现象可能大到令人敬畏——西部两条大河的汇合处，春天午后中西部的天空——或者像一块闪着云母斑点的小鹅卵石，小到可以握在手里。开展自然项目的目标是让儿童认识到"自然"的重要性，它在人类生活中的作用，以及儿童在保护周围环境和生物等方面能够发挥的作用。教师必须注意，不要让儿童把自然浪漫化，尽管他们的许多自然经历是积极的。给儿童灌输一种耸人听闻的观点，认为自然现象本质上是"粗暴的"或危险的，这也不是最佳做法。雪崩、有毒植物和腐烂的气味都是大自然的一部分，如果儿童的经验局限在令人不快或令人恐惧的事物上，那么儿童对大自然的认识就会是片面的。

以自然为焦点的项目的其他优势已经在有关地方教育的文献中得到阐述，一般认为当地社区对于儿童教育至关重要，当地学校对于社区生活至关重要。当儿童对周围的事物进行调查时，他们会遇到直接影响他们生活的事物、人物、动植物以及自然现象。一直以来，我们喜欢把儿童的注意力集中在"很久以前和遥远的地方"（恐龙、企鹅、热带雨林），这可能会让儿童失去对某个地方的"地方感"，以及无法对自己生活的地方形成更全面的理解。当儿童了解自己所在社区的环境、文化和历史时，他们将能更好地了解社区面临的困难和挑战，以及更加积极地参与解决这些困难和挑战。他们将成为其"家园"的专家，随着经验的不断拓展，使遥远的事物变得更有意义，他们所获得的基本认识、知识、技能和品质也可以应用于与社区之外世界的互动中。

最近的一些研究表明，自然项目能带来额外的好处。出于各种目的的户外活动能对儿童的认知和心理健康带来显著帮助（例如：Faber Taylor & Kuo, 2009, 2011; Faber Taylor, Kuo, & Sullivan, 2002）。我们有理由相信，在户外进行实地调查和其他相关活动会带来这些好处。此外，户外实地调查涉及步行和类似的体育锻炼，可以促进儿童的身体健康，抵消儿童长时间坐在桌子前带来的负面影响。

挑战

在交谈中，教师向我们袒露心声，他们在努力让儿童参与自然项目的过程中确实存在一些比较具体的困难和挑战。有些教师无法让孩子们离开学校，这严重限制了儿童与我们通常所说的"自然"的接触。在某些情况下，学校的政策和交通费用使师生无法在校外开展实地调查工作。即使在安全不是问题的情况下，那些位于钢筋混凝土城市中根本见不到绿地的幼儿园教师表示，要让儿童接触大自然，他们就必须付出巨大的努力。在这种情况下，有助于儿童更多地了解自然环境的项目仍然是可以开展的。大多数幼儿园的操场甚至建筑都是大量动植物生存的家园，如蚂蚁、蒲公英、鸟类等。盆景植物甚至是居家植物都可以成为自然项目主题的中心。如果幼儿园允许饲养活的动物，那么孩子们可以调查甲虫、蚯蚓、鱼、兔子、小鸡或其他小生物。

一些研究表明，21世纪早期儿童在户外的时间比以往任何一代人都要少得多。经验表明，自然探究（事实上，广泛的科学经验）甚至在学前阶段就被搁置一边，为读写识字和数学方面的教学让路。因此，一些教师发现，在开展自然项目之前，孩子可能需要一段时间去探索自然世界——在坑坑洼洼的路面上行走，触摸岩石和植物，寻找动物栖息的证据，听鸟叫虫鸣，以及观察头顶的云。

当儿童有了这些基本经验之后，他们能够对项目产生更多的兴趣，并提出对项目工作很重要的问题。我们知道，有的成人，包括教师在内，可能会觉得自己对自然现象了解不够，无法有效地推动项目的开展，甚至在户外探索时不能保证孩子的安全。教师可以为自己创设更多接触大自然的机会，就像为没有接触过大自然的孩子创设更多机会一样。

在开始项目工作之前，
孩子们可能需要一些时间探索自然世界，比如研究被河狸啃过的树

教师们还提到，对大自然缺乏了解还会造成另一个问题：孩子们——甚至家长们——可能对"自然界"中发现的东西抱有误解和恐惧。他们认为蝴蝶会咬人，或者城市公园的树林里存在严重的安全隐患。教师可以询问家长对孩子参与自然项目有哪些担忧。仔细倾听孩子们提出的问题和对自然现象的关注也是一个好办法。孩子们是否想象过，树木会垂下树枝，砸到毫无防备的自己？孩子们是否认为他们可以直接喝公园小溪里的水？他们会不会以为蜻蜓是会喷火的飞龙？教师可以直接干预儿童的一些误解和恐惧，提供相应的信息、指导或安抚；还可以把这些误解和担忧转化为教育契机，激励孩子们寻找答案。

不，树不会真正抓人。只有电影里才那样。

不，饮用溪水是不安全的。你不能为了想看看自己是否会生病而冒险尝试一次。我会想办法找个人告诉我们溪水里有什么东西，而且那些东西会让人生病。

你要怎么做才能知道蜻蜓是不是龙呢？

自然项目可以解决对自然的无知和恐惧的双重问题。在一个项目中，教师和家长通常与孩子共同学习；当他们这样做时，对环境的了解和尊重将逐渐取代那些基于错误信息而产生的恐惧。我们有理由对自然保持谨慎，但恐惧不能消减我们对自然的理解和欣赏。

本章阐述了教师为什么以及如何通过项目教学法让儿童接触自然。要成功地推进这样的项目，教师不必成为自然学家。事实上，教师们提到，自然项目带来的好处之一是他们与儿童共同学习，共同进步。我们希望读者能够亲身体验到，让儿童的心智参与探究自然世界的长期项目所带来的积极影响。

第 10 章

自然教育对双语儿童语言发展与探究的支持

> **工具栏 10.1　科学与自然核心要素**
>
> - 了解乌龟的饮食习惯和生命周期
> - 认识乌龟的身体构造和部位
> - 通过长期、反复地进入小自然种植区来获得知识和理解
> - 发展和运用两种语言中自然出现的新词汇,因为儿童需要新词汇来描述自己的理解

> **工具栏 10.2　探究的核心要素**
>
> - 捕捉儿童用母语和第二语言进行的对话
> - 指导儿童将观察到的内容画下来,以表征他们与大自然的接触和学习
> - 通过书面笔记、录音和录像的方式记录儿童的双语对话
> - 使用学习故事记录和分享儿童的自然学习、发展与协作
> - 查阅有关教师探究和生成课程的研究文献来了解儿童的自然学习

作为幼儿教育工作者,我们的工作要求很高。在过去的几年里,我们一直面临着巨大的压力,那就是提前让儿童学习为升学开设的各门课程。诚然,

认识字母、前书写技能、掌握押韵以及语音意识都很重要，但儿童游戏的权利也非常重要。对幼儿园来说，我们要为孩子们的入学做好准备，包括精细动作能力和社会情感能力的发展，培养这些能力最好是在室外，因为这样孩子们就有更多的空间进行运动和接触自然。理查德·洛夫（Richard Louv，2008）认为，许多学校的人文艺术课程"短斤少两"，更未能在课堂外提供任何与大自然接触的动手操作体验。就我们而言，当仔细查看日常时间安排时，我们才意识到室内时间比户外时间多得多。在每天的10小时中，我们在幼儿园的院子里平均只待了2.5小时。也许，整个社会对儿童自然教育的重视程度达不到应有的水平。例如，在最近一次课堂评估调查（Classroom Scoring Assessment Survey，CLASS）中，评估人员对教师的表现进行标准化评估时明确表示，发生在课堂以外的任何事情都不会被算作观察的一部分。这糟透了！当儿童在户外时，他们实际上有更多的机会去探索、发现和学习。

在评定一所高质量幼儿园时，应考虑利用紧邻的绿色空间和自然元素，如沙子、水、植物、花卉、鸟类和昆虫。作为我们工作、教学和学习的场所，城市幼儿园后院的种植园地为孩子们提供了许许多多探索的机会，例如，蜘蛛结网，清晨鸽子在门框上筑巢，一群蚂蚁把饼干屑啃噬干净，或是在薰衣草丛中盘旋的蜂鸟。

有时，孩子们会遇到一些自然现象。例如，当他们在花盆中挖掘时，发现了西瓜虫"一家"。在其他时候，教师会更有目的性，比如把周末散步时收集的一袋松果、一只毛毛虫、一只蜗牛甚至是一只小乌龟带进教室。在种植园的植物中漫步的小乌龟可以作为孩子们和乌龟之间自然相遇的一个例子。当儿童对某个事物表现出兴趣，而教师对儿童的兴趣真正感到好奇时，这两者的结合可以作为一个契机，引发大家对自然话题的关注，以及随后出现的探究。在本章的后半部分，我们为大家呈现了一个学习故事，描述孩子们对乌龟的兴趣和从乌龟身上获得的学习。

当孩子们在户外游戏时，我们会尽量像在室内一样给予他们支持，在许多方面，我们认为院子是室内教室的延伸，甚至可以被当成一间室外教室。尽管我们倍感压力，不得不让儿童为将来取得好成绩做好准备，但我们更加明白情感与社会性发展的重要性，并致力于尽可能地支持儿童这方面能力的发展，后院的种植园为实现这些目标提供了许多机会和可能性。

我们的幼儿园

我们的幼儿园位于旧金山教会区，隶属于旧金山联合学区早期教育部门（San Francisco Unified School District's Early Education Department，SFUSD EED）。刚入园时，孩子们很少有会说英语的，大多数儿童更喜欢说母语，因此西班牙语、中国广东话和中国普通话是幼儿园里最常用的语言。最近，幼儿园发起了一项倡议，即在学前阶段提供双语教育，把西班牙语/英语和中国广东话/英语作为重点。学前双语课程的一个重要目标是通过聚焦于西班牙语或中国广东话来支持儿童家乡或祖先的文化和语言。在隶属于旧金山联合学区早期教育部门的36所幼儿园中，6所为3—5岁的儿童提供西班牙语/英语的双语课程，4所提供中国广东话/英语的双语课程。在双语教育幼儿园里，教师大部分时间用西班牙语或中国广东话教学（80%用西班牙语或中国广东话，20%用英语）。这些双语教育幼儿园接收所有儿童，即使他们不会说西班牙语或中国广东话。双语教育幼儿园中的一些儿童可能会继续双语学习，在学区内的小学学习西班牙语或中国广东话课程。

在我们的幼儿园，与自然相关的经验不是来自既定的课程。相反，我们的活动都是基于孩子们的兴趣，以及我们有意识地让儿童关注院子里树上的一个鸟巢、天空中变幻莫测的云朵、午餐时橘子的酸味，或者午睡时春雨的沙沙声。我们尽可能地利用孩子们对自然界的认识以及他们的文化和语言背景或知识储备（González, Moll, & Amanti, 2006）。根据孩子们的兴趣水平和我们的好奇心，我们还会寻找额外的资源，拓展儿童的多感官学习途径，这些活动通常包括阅读小说和非小说类书籍，用西班牙语和英语唱歌，参观当地的图书馆，在社区散步，绘制观察图，玩泥塑，用回收材料进行建构游戏，或用丙烯酸颜料绘画。我们尽可能地用孩子们的母语来开展这些活动，为孩子们创造教学环境，让孩子们能够利用已有知识作为桥梁，与新的科学以及有关科学、自然的词汇或概念建立联系。

探究与学习故事

美国加利福尼亚州学前教育基金会（The California Preschool Learning Foundations, California Department of Education, 2008）指出，考虑到直接经验对学前儿童探索自然和认识自然的重要性，儿童了解自然世界的方式将根据每个孩子生活的生态环境而有所不同。农村地区的儿童可能有更多的机会与自然界互动，但对生活在城市环境中的儿童来说，早期教育工作者务必要想方设法鼓励他们认识大自然和掌握相关的生命科学概念，并充分利用儿童与生俱来的好奇心和角色扮演的能力。扮演科学家是孩子们非常喜欢做的一件事。像科学家一样思考意味着儿童参与探究实践，而开展这些实践需要特定的品质、知识和技能，它们包括但不限于以下内容（Hamlin & Wisneski, 2013）：

- 观察；
- 提问；
- 描述；
- 预测；
- 解释；
- 使用工具来延伸感官；
- 计划调查；
- 记录调查过程中发生的事情；

- 沟通和交流想法。

我们试图将以上实践和技能整合到自然课程中，且经常发现追随儿童的兴趣和跟随儿童的脚步，能让我们明白在哪个环节以及如何更好地支持与拓展这些技能。

从整体的角度看自然教育的价值

文献综述（Carr & Lee，2012；Lee，Carr，Soutar，& Mitchell，2013）提供的证据表明，学习故事这一方法有助于各国儿童早期教育模仿新西兰毛利人的教育经验。新西兰的幼儿教育课程建立在毛利人和社会建构主义的视角下，将知识置于文化、历史和社会之中，并将儿童和家庭之间的关系视为不可分割的、相互影响的和不可忽视的。例如，新发布的新西兰幼儿教育课程（Te Whāriki，2017）提出了与儿童一起工作的框架，该框架基于四个原则，加利福尼亚州的幼儿教育者发现其包容性的世界观特别吸引人。

1. 赋能：幼儿教育课程赋予儿童学习和成长的能力。
2. 全面发展：幼儿教育课程反映了儿童学习和成长的整体方式。
3. 家庭与社区：家庭与社区形成的更广泛的世界是幼儿教育课程的重要组成部分。
4. 建立关系：儿童通过与周围的人、地方和物体建立互动和互惠关系来进行学习。

鉴于加利福尼亚州是许多中美洲和墨西哥移民的家园，拥有多种语言和文化背景的 0—5 岁拉丁裔儿童也是美国人口最多、增长最快的少数族裔，探索创新的方法来促进西班牙语和英语的教学是非常必要的。这些移民家庭大多依赖公立幼儿园为孩子提供早期教育。然而，生活在城市中的大多数儿童没有接受学前教育,而学前教育为儿童掌握两种文化和语言提供了坚实的基础,并培养儿童在自然科学方面的诸多知识和技能。

在本章中,我们探讨了在双语学前教育环境中使用儿童个人和集体学习故事的好处与挑战,从而使双语学习者的教学实践、观察和评估更加基于自身的优势。按照推荐的结构框架撰写学习故事可以帮助我们将转瞬即逝的想法组织成连贯的叙述,从而更好地理解儿童的具体经历。更重要的是,学习故事的写作鼓励我们向大家展示双语儿童在一日生活中的任何时刻、任何熟悉的环境中都是有能力的自然探索者和语言学习者。当一位教师为儿童撰写学习故事时,她的目的不是验证假设或评价儿童。撰写学习故事的根源是教师发自内心地想要了解儿童的生活经验,以及教师、家长和儿童自己如何理解和诠释这些经验。

作为双语公立幼儿园的教师,我们需要进行持续的课堂观察来评估儿童的学习。这促使我们探讨以下问题:幼儿教育者如何支持儿童萌发的语言,并使这种语言特性清晰可见呢?在这个过程中,教师如何利用故事和叙述来记录儿童的成长,从而提高家长参与儿童教育的程度呢?我们正在探索以学习故事的形式开展真实性评价(Carr & Lee, 2012),这是一种由新西兰儿童早期教育领导人创建的,基于叙事的形成性评估和探究模式,以突出儿童的优势,并基于儿童和家长的兴趣、能力以及专业知识来改善教学的方法。学习故事之旅始于我们对观察、倾听、反思和分享的重视与尊重。当撰写和阅读故事(关于儿童探索自然世界的故事)时,我们明白了作为学习共同体中一员的身份,也越发欣赏和理解儿童在任何时刻的动作、游戏和行为,并尝试在学习故事中捕捉这些信息。

通过学习故事捕捉儿童的学习

我们第一次接触学习故事是在2017年春天,当时伊索罗·M. 埃斯卡

米拉前往新西兰游学，了解新西兰的儿童早期教育体系。同年秋天，他参加了在新西兰奥克兰举行的全国学习故事大会，玛格丽特·卡尔（Margaret Carr）是会议的主讲人，从那里他了解到大自然与新西兰的日常生活是如何交织在一起的。在埃斯卡米拉参观的大多数幼儿园里，当儿童和教师自我介绍时，他们清楚地表明，对毛利人来说，个人与地方的关系和个人与他人的关系同样重要。儿童和教师分享自己的家乡，包括那里的土地、河流或山川。

学习故事作为一种哲学方法出现在大约20年前，之后作为一种评估儿童发展的教学手段，帮助教育者反思他们在复杂的教学过程中的角色（Carr & Lee，2012；Carter，2017）。学习故事首先是一个故事，它讲述了一个为儿童撰写的故事，并且是用来与儿童家长分享的故事（Carr & Lee，2012）。学习故事是儿童在学校生活与学习的记录，通过对儿童在其环境中游戏时的日常观察，从某种程度上也反映出教育者的专业生活。

学习故事是由教师从儿童自身优势的角度创作的关于儿童成长的书面叙事。以下是学习故事的基本组成部分（Carr & Lee，2012；Carter，2010，2017）：

- 观察活动中的儿童，用拍摄照片或短视频的方式记录儿童与材料、他人、地方或物体之间的互动；
- 对观察结果进行教学分析；
- 通过规划具体活动来延伸儿童的学习；
- 获知家长对儿童学习体验的看法和观点；
- 参照具体的评估工具，我们的做法是参照《预期发展概况》（Desired Results Developmental Profile，2015）。

教师可独立撰写学习故事，但我们发现，当同一个班级的教师共同努力承担时，挑战性更小，并且乐趣更大。因为我们相信每个人都有故事可以讲，所以教师之间可以通过分享儿童在幼儿园一日生活中的行为、语言、发现的照片、短视频和小故事来互相支持。在交流思想和图像中，我们试图解释所看到的、听到的、拍下的或在视频中捕捉到的东西。正是这种交流引导我们在转瞬即逝的思考中探寻更深层次的意义。有时我们可以一人在平板电脑上打字，另一人描述和叙述所发生的事情。在其他时候，也可以由一人提出问题，另一人阐述和回忆具体的信息与细节，以重现发生的事件，回顾照片、视频或逸事记录作为参考。

我们发现，学习故事提供了另一种方法来组织我们所观察到的内容，在与同事分享的过程中，我们从儿童在日常游戏时的探索发现、奇思妙想和自然而然所做的事情中发现了很多乐趣。我们意识到，观察通常发生在任何时刻，因为孩子们不断地发现新的东西，或者在与其他孩子、材料或自然环境的互动中建立新的联系，因此我们时刻准备着记录吸引人的一切。在创建儿童教学档案方面，我们有意拍摄一张照片，制作一个5分钟时长的视频，或记下儿童每天在院子里游戏时的所做、所说、反应方式和行为方式。

家族语言中与自然有关的回忆

双语儿童的自然教育活动应该基于教师对儿童在室内外游戏的日常观察，以及教师的反思，还有家长尽可能多的参与。除了幼儿园本身的双语课程之外，家长们还反映，院子里的小花园是吸引他们将儿童送过来的一个主要原因。不少家长认为，花园里的树木、野花、沙箱、蜜蜂、蝴蝶、蚂蚁和小鸟有助于孩子们更平静、更专注。

新学年伊始，我们按照惯例询问家长会说哪些语言，在哪里通过什么样的方式学会这些语言，以及对单语主义和双语主义的看法。我们问家长们最怀念祖国的什么，最怀念的传统或庆典是什么，我们如何填补这个缺憾（在可能的情况下）。旧金山湾区探索博物馆在我们幼儿园举办了一次难忘的家

长会，家长和教师们被邀请分享与自然有关的童年记忆，大多数人回忆起儿时其实并不需要任何花哨的玩具。我们中许多人回忆起小时候下雨时喜欢在水坑里玩耍，喜欢赤脚在沙丘上行走，或者在炎热潮湿的夏天聆听蝉鸣声。活动的重点是帮助家长和教师在自然与游戏之间建立联系，并反思儿童接触和持续接触绿色空间的重要性，特别是对于在旧金山这样繁华而昂贵都市中的小单间公寓里长大的其他肤色的儿童。

一则学习故事——阿泽尔和乌龟

我们接下来所描述的活动是从一则学习故事开始的。这则学习故事由撒哈拉·冈萨雷茨-加西亚撰写，后期由艾丽西亚·阿尔瓦雷斯和伊索罗·M.埃斯卡米拉共同完善而成。

我们这里的大多数儿童是双语儿童，因为我们幼儿园实施的是西班牙语/英语双语课程。在 24 名儿童中，有 2 名儿童的母语是英语，4 名儿童在园接受语言康复治疗。学习两种语言的儿童在难受的时候通常可以从关爱他们的教师那里获得情感上的支持。其中一个例子发生在院子里的一个早晨，当时孩子们正在观察最近收养的宠物，这是一只小乌龟，隔壁的埃德温老师发现它在街上闲逛，而且他险些踩到这只小乌龟，于是埃德温老师决定收留它，并将它带到幼儿园供孩子们喂养和照顾。大家给小乌龟起名为"塔蒂安娜"，以此纪念西班牙语课程中的一只年长的乌龟和一首歌的主角，我们一直在唱这首歌来练习首音 /t/。

几乎就在小乌龟塔蒂安娜成为幼儿园宠物的同时，我们一直在尝试一种记录儿童学习的新方法，那就是学习故事。以下是一则学习故事，它来自我们的集体观察、拍照和讨论，与家长的密切合作，以及指导教师和丹尼尔·R.迈耶的持续支持，丹尼尔参加每月举行的全园探究小组教研活动。

阿泽尔和乌龟塔蒂安娜（2018年2月17日）

阿泽尔正在花园里观察小乌龟

发生了什么，事件的背景是什么

阿泽尔，今天下午我们去院子的时候，你伤心地跑来找我。你试图要告诉我些什么。我问你发生了什么事，你没有回答我，你拉着我的手，把我带到花园里有几个孩子的地方。一个小女孩向我解释说，你想看乌龟,但那几个孩子不让你看。我问你想不想看乌龟,你点了点头说想。我对你说:"我们请小朋友们腾个地方来让你看乌龟。"我们说"接下来该轮到我们看乌龟了",孩子们动了动,腾出地方让你近距离观察乌龟。你看了乌龟几分钟。后来,一个小女孩递给你一些花园里的胡萝卜来喂乌龟。你把胡萝卜块放在乌龟面前让它吃。你在那里待了几分钟,非常耐心地观察乌龟是如何缓慢移动的。

过了一会儿,乌龟躲到植物中。"睡觉,妈妈,爸爸。"你说。我回答说:"是的,它要睡觉了。"我知道你是想告诉我乌龟马上就要睡觉了。你非常开心地和乌龟待了一会儿,然后到操场上玩去了。

(教师撒哈拉·冈萨雷茨-加西亚)

儿童的行为或者活动意味着什么

随着时间的推移,阿泽尔对乌龟的兴趣引起了其他儿童对乌龟的兴趣。依照丽莲·凯兹和西尔维娅·查德(Lilian Katz & Sylvia Chard, 2000)提出的基于项目的教学理论,我们首先开展的活动之一是给孩子们足够的时间去探索和观察周围的具体事物。孩子们观察了这只乌龟,并给它起名为塔蒂安娜,灵感来自西班牙歌集里一首歌当中乌龟的名字。

延伸活动的契机和可能性有哪些

阿泽尔的母亲安娜女士提出了一些建议来支持阿泽尔和班上其他儿童参与乌龟的探究,包括让孩子们在周末轮流把乌龟带回家照顾并喂养。安娜女士和教师们一样,想添置一些关于乌龟的科普书籍,以便儿童更多地了解它们。

安娜女士和阿泽尔提出以下问题:
它是哪种乌龟?
它几岁了?

它身体有多大？

它还能长多大？

来自孩子们和教师们的其他活动建议有：
- 从当地的图书馆获得关于乌龟的故事书和非故事书；
- 用橡皮泥做乌龟；
- 认识乌龟身体的各个部位；
- 用回收材料制作乌龟模型；
- 学一首关于乌龟的新歌；
- 拿出纸、铅笔、蜡笔或记号笔画乌龟；
- 用水彩或颜料画乌龟；
- 鼓励大家照顾和喂养乌龟。

预期发展概况测量指标（2015）

- 对学习有好奇心和主动性。
- 可以对情绪和行为进行自我控制。
- 分享空间和材料。
- 能与熟悉的成人建立关系并进行社会交往。

孩子们第一次画乌龟塔蒂安娜是基于在花园里的一次小组活动中的直接观察。当把乌龟带进教室参观时，孩子们也会有机会画乌龟。我们把乌龟放在桌子上，这样孩子们就可以近距离观察它以及它背上的壳和它的动作。以下是孩子们的发现：

"乌龟爬得真慢"——布莱恩

"乌龟有四条腿"——露娜

"塔蒂安娜的壳上有各种颜色的方形图案"——卢卡斯

从观察、讨论到表征

把想法用图形表征出来，可以让孩子们理解自己的行为可以传达什么含义。这是一个了不起的发现，因为它帮助孩子们意识到，要达到交流的目的，其他人就必须能够理解他们所画的图形。在我们看来，图形表征是一种比文字更简单、清晰的沟通工具。[洛里斯·马拉古奇（Loris Malaguzzi）]（Gandini，2012，p.66）

洛里斯·马拉古奇（cited in Gandini，2012）提出了一个理论，将想法转化为视觉表征可以帮助儿童认识到绘画可以传达他们还无法用语言表达的内容。从这个意义上说，对英语学习者或双语学习者来说，图形表征是一种交流工具和创造性媒介，它比文字更简单，虽然表征本身是一个非常复杂的过程，因为它要求儿童根据自己的观察能力和以往的表征经验做出重要的认知与科学选择。在这些经验中使用图形来表征科学观察和科学学习是一个重要的手段，因为这个阶段的双语儿童正在学习使用两种语言来讨论和理解科学概念。

这就是为什么在我们地方化（本土化）科学课程中，非常强调图画、白描和绘画的重要性，这能让年幼的双语学习者创作视觉表征，以辅助他们在科学和自然探究过程中萌发出的语言技能。通过回顾自己的作品，我们发现，4岁儿童实际上可以成为作品的批判者（评判性思考者），并对他们最初的作品做出调整和修改，这样就能最好地反映出他们不断发展的理解和认识。

下页的照片和图画展现了孩子们在进行科学实践，例如，在后院花园里的野餐桌上观察乌龟身体复杂的外部结构。

阿比盖尔和其他几名儿童正小心翼翼地观察乌龟，他们试图把乌龟的身体形状和面部表情画下来，随着观察变得更加有目的性，他们的绘画也变得更加细致。

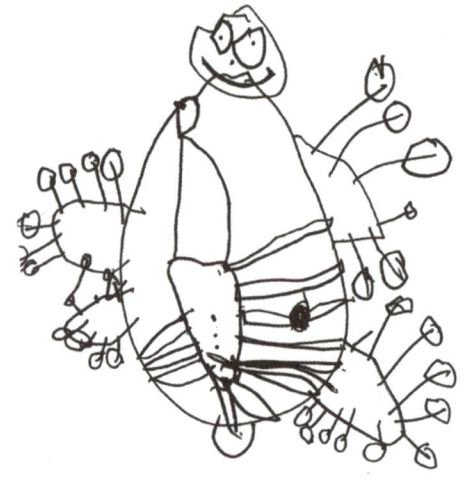

阿比盖尔一边观察乌龟，一边画画　　　　　　阿比盖尔画的乌龟

纳萨利亚画了两幅乌龟图，试图画出龟壳和四肢的细节。她的第一幅画画得非常细致。

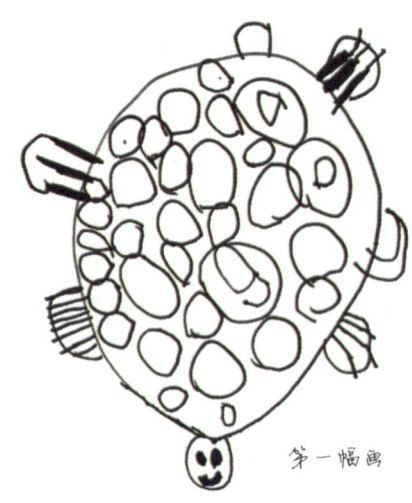

纳萨利亚画的乌龟

接下来的两幅画是盖尔画的,他不喜欢在描红纸上描字母,但他的画体现了他观察的深度,以及他在两个不同的情境下为画出乌龟壳上的复杂图案所付出的巨大努力。

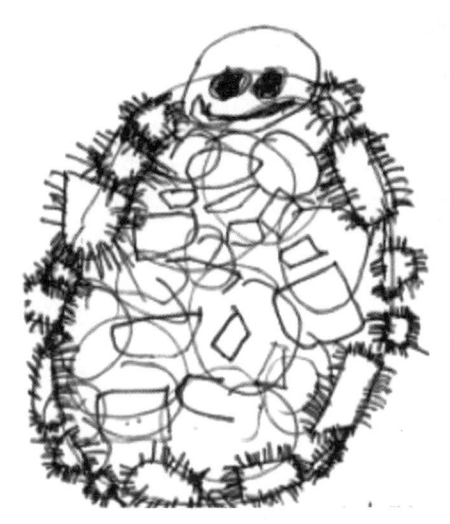
盖尔第一次画的乌龟

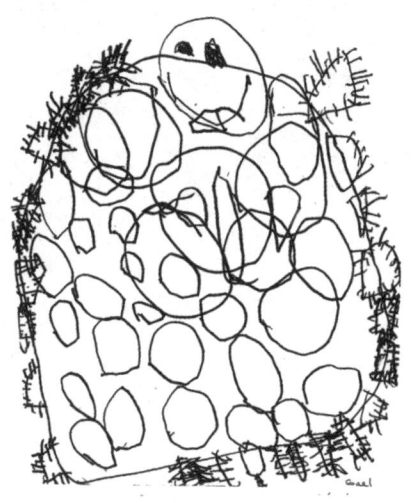
盖尔第二次画的乌龟

科学探究与年幼的双语学习者

对科学探究能力的发展至关重要的是儿童使用语言的能力,即尽可能地使用特定的词汇和术语来描述自己观察与探索的事物,并向同伴或熟悉的成人解释自己的想法。语言的使用可以让儿童意识到自己的想法,并通过口头语、书面语或符号进行表达(California Department of Education,2008)。根据我们的经验,学习双语的儿童通常对正在探索的概念有所认识,但他们可能尚未习得英语专用词汇来描述和解释他们观察、探索或学习的内容。持续一段时间的反复观察和动手操作,孩子们学会并掌握了母语或英语中的新单词。我们的幼儿园强烈鼓励孩子们在室内外的游戏和工作时间使用西班牙语进行交流。我们的双语课程遵循每日 80% 的西班牙语,20% 的英语模式。正是在这种情况下,学习故事时孩子们学会了名词,如

阿泽尔正在"阅读"一本关于乌龟的书进行展示。

"乌龟""爬行动物""壳";动词,如"探索""观察""绘制";形容词来源于对乌龟的近距离研究,如"漂亮的""缓慢的""食草的"。

有些儿童喜欢绘画,有些儿童喜欢在非故事类书籍中寻找关于乌龟的信息,他们对书中的照片非常感兴趣,比如阿泽尔和阿比盖尔,他们对独立"阅读"感兴趣。

此外,阿泽尔还用母亲从家里带来的硬纸盒做了一只小乌龟,并涂上颜色,尽管有些困难。这些用可回收材料制作成的乌龟被放在教室里的一个架子上

意想不到的结局

不幸的是,孩子们周末后回到幼儿园,在花园里寻找乌龟,发现它伤得很重。也许是浣熊袭击了它,虽然埃德温老师立即把它带到兽医办公室,但乌龟塔蒂安娜第二天还是去世了。孩子们伤心极了,有些孩子甚至还不明白发生了什么,或者他们明白但无法用语言表达自己的感受。经过短暂的讨论,孩子们和教师们决定把乌龟埋在花园里的一棵鳄梨树旁边。

当孩子们看到埃德温老师挖了一个洞时,一些孩子似乎明白他们再也见不到乌龟了,乌龟将永远在那里,因为它已经去世了。每个孩子在乌龟身边

放上一朵小花，用图画和简短的词句表达自己的爱意，我们把这些画挂在花园的篱笆上。在孩子们给乌龟的留言中，恩里克说他想要送乌龟一些花，而阿比盖尔找到了一种方法，用一句话来概括全班小朋友的感受："我很爱你。我会在花园里想念你的。我很喜欢你开心的样子，我总是盯着你看。"孩子们庄重地把乌龟埋在了院子里的鳄梨树旁。

孩子们庄重地把乌龟埋在了院子里

孩子们再也没有机会像活动刚开始时那样在周末把乌龟带回家了。与儿童一起探索大自然，一半充满确定性，而另一半充满不确定性。我们逐渐明白，儿童的自然教育与地方化的活动应该基于儿童和教师的日常观察与反思，以及家长的建议。

结尾和最后的反思

故事是一串思想，通过讲述故事，某一文化群体的成员学习或铭记一些事物。故事是通过文字表达出来的，在每一次讲述或阅读中都经历重新构建。故事包含某种文化中的共同之处——词语的含义、概念和经历的背景。故事展示了文化所保留和分享的一切，也展示了大脑加工和记忆的一切（Lewin-Benham，2011，p. 96）。

学习故事的价值

这一则学习故事是以这样的问题开头的：发生了什么？事件的背景是什么？撒哈拉·冈萨雷茨-加西亚老师直接给阿泽尔写了一封信，回答了这些问题，并给阿泽尔、乌龟塔蒂安娜和我们班的孩子们撰写了一个生动的故事。撰写这则学习故事的灵感来自卡尔和李（Carr & Lee，2012）的文章，他们倡导学习故事的价值，因为它详细地讲述了儿童和成人共同学习与成长的积极向上的故事。

西斯克-希尔顿和迈耶（2017）也告诉我们，那些在个性和智力层面上触动我们的故事往往与我们的经历、感受、想法、梦想和希望相通。在我们的案例中，撒哈拉老师写给阿泽尔的学习故事引发了一系列自然探究活动，这些活动并不是在课程中预先计划好的，而是通过不断地观察和理解孩子们的行为、动作、好奇心、沮丧，以及想要弄明白一连串小插曲的急切心情而产生的。当这些元素串联在一起，大家因共同的经历而产生共鸣时，学习故事就有了生命。

教师的探究

我们相信，如果将学习故事融入教师探究小组的常规工作中，其专业价值和教学价值会得到进一步提升。教师的探究与反思涉及对班级数据的系统收集和解释，以改善儿童的学习、教师的专业知识以及教学实践（Cochran-Smith & Lytle，2004；Meier & Henderson，2007）。在过去的 7 年中，我们幼儿园的教师每年至少定期集中 10 次，这就是我们所说的教师探究小组，这是一种基于教育现场的教师专业发展形式，教师们合作反思记录方式、双语教学策略、探究科学和自然等话题。定期的探究与反思为儿童早期的专业话语和专业参与提供了一个结构化的平台（Kroll & Meier，2015；Rust，2009），深思熟虑的探究也经常依靠故事的力量来记录，并使教和学富有意义。两年前，我们开始在幼儿园各个班级里采用学习故事，因为我们被叙述、探究和故事的力量吸引，也相信学习故事可以作为儿童的学习档案和形成性评估的材料。

作为教育工作者，我们肩负着教育儿童以及与儿童共同学习的双重责任，我们最重要的角色之一就是支持孩子们的想法和兴趣。有了正确的支持、指导和共同的热情，这些兴趣每次可以持续数天甚至数周。我们认为，比起那些由成人提前几天或几周计划的一系列死板而又脱离真正兴趣的活动来说，建立在日常生活经验之上的幼儿园课程更有意义。我们还发现，与一小群儿童一起探究让我们有充足的时间和空间来观察与记录他们的探索以及对自然和科学概念的理解。

这些活动源自孩子们与生俱来的好奇心和兴趣。教师与两个、三个或四个儿童组成非常小的探究团队，能为儿童更密切的社会互动提供充足的机会，并能让我们看到作为一个学习共同体，我们的科学知识是如何形成并丰富起来的。小组探究还能帮助我们更好地了解儿童的个人情况，以及如何更有效地支持儿童科学语言的发展和科学知识的建构。

用西班牙语撰写儿童的学习故事，并且以学习故事的形式作为儿童学习档案，对教师探究小组背景下的美国幼儿教育工作者具有特殊的意义和潜在的优势。本章呈现了如何以探究的姿态来记录教学实践的演变，并将儿童的自然学习用叙述的方式系统地记录下来。我们期待成为更好的反思型实践者，并且随着时间的推移，不断深入、拓展和改进我们关于自然、科学探究和在学习环境中使用传统语言（如西班牙语或中国广东话）的教学实践。最终，我们希望在工作中发现更多的乐趣和意义。

第四部分

自然教育中的儿童自主

第 11 章

促进学步儿的自然探究

工具栏 11.1　科学与自然核心要素

- 培养儿童对大自然和各种生物的舒适感，因为这是建立其认识和理解的先决条件
- 让儿童合作建构理解（把物体和生物拿给对方近距离观察，一起学习单词）
- 经过数月的研究和观察，儿童表征自然物的能力发生显著变化

工具栏 11.2　探究的核心要素

- 与同事共同探讨并提出"在自然漫步中，哪些东西吸引了孩子们的注意？""当向儿童介绍沿途的生物时，他们能理解多少？"等问题
- 当儿童研究沿途的生物时，询问儿童并且把他们的回答录下来，还要注意儿童在描述生物时的细致水平
- 用日志记录儿童在自然漫步时的行为和对话
- 关注每一名儿童，并在他们理解自然的过程中寻找关键的"转折点"
- 为儿童拍摄在大自然中散步时的照片，以及他们制作的香蕉蛞蝓、毛毛虫和蜘蛛的黏土作品

一个学步儿正津津有味地盯着蜘蛛网上的蜘蛛。教师走到她面前问:"你在看什么?"学步儿轻轻地伸出食指朝蜘蛛网的方向指去。教师迅速抓起身边的一个塑料玩具朝蜘蛛砸了过去。故事的结尾是,学步儿蹲在地上研究缩成一团的蜘蛛,而教师在一旁竭力摆脱对蜘蛛的恐惧。

我在旧金山唐人街的中心地带长大,从未拥有在开阔的草地上奔跑的经历,也没有闻过被割草机割过的草的味道。我的父母每周工作 6 天,而且每天工作时间很长,身边没有其他成人带我和兄弟姐妹去公园。然而,4 岁时,我参加了一个社区日间夏令营,和小伙伴们去了金门公园。可是我觉得很不自在。即使置身于许多树木和野花之中,可我就是不喜欢它们,因为公园和林荫小路令我感觉十分陌生。

我刚参加工作时是在一所公立幼儿园当老师,幼儿园的操场是用混凝土和水泥铺成的。我带儿童做的第一个科学项目是探索浮沉,可是当时我并不认为这是一个真正的科学项目。我总是认为"科学"是关于生命的,或者是关于生命周期的。但是我不知道如何改变和拓展自己的科学教学。后来,幼儿园搬到旧金山的普雷西迪奥国家公园,这里简直是一个城市绿洲,拥有大片的树木、草地、鲜花、土壤、水、开阔的场地和充足的阳光。

奇怪的鸣叫声、低沉的嗡嗡声和附近桉树的沙沙声吸引了我,可我不想独自探索普雷西迪奥的林间小路,于是决定和班上的孩子们一起去探索。因此,在过去的 15 年里,我和孩子们一起长途跋涉到海湾边的克里西菲尔德公园,甚至走到了金门大桥。我们沿着海岸扔鹅卵石,堆沙堡,给美国公园警察的马匹喂食物并且骑在上面,沿途寻找毛毛虫,看到了蜘蛛网,发现了鸟巢,并收集了桉树荚、桉树叶、各种树莓、松果、羽毛和马蹄莲。

我已经从一个"都市人"转变成了一个"自然学家"。这种转变虽然缓慢但是步伐坚定,对我来说,想要与孩子们一起探索的热情才是最重要的。我发现,每次我和孩子们互相介绍某个自然物时,我们都会传递给对方一种"敬畏"和"惊叹"的满足感。当我们发现在腐烂的落叶间滑来滑去的香蕉蛞蝓或看到小鸭子游向鸭妈妈的时候,没有哪个孩子不是兴趣盎然的。当成人指向某个东西让学步儿看的时候,这些年幼的孩子会产生许多疑问,例如:"为什么黑莓这么小?""草怎么这么湿?""为什么花儿只在阳光下开放？""虫子睡在哪里？"他们想了解周围的环境，而我们的回应和经验可以为他们的科学认识添砖加瓦。

通过专家的指导，基于儿童自发的探索和问题，我们逐步引导儿童在观察和调查的过程中更加聚焦和更具系统性（Worth & Grollman，2003）。10年前，当幼儿园改用瑞吉欧课程和理念时，我欣喜不已，因为我看到了作为教师的角色转变以及对儿童认识的转变。我学会把儿童看作有能力的、充满潜力的、积极地通过与他人互动来构建知识的人。这成为我和孩子们共同探究自然的前提。

我和两位配班老师，苏茜和斯蒂芬妮，还有一群学步儿，每天都会在生态绿道、金门绿道和普雷西迪奥绿道散步。我们都有让儿童接触大自然的类似理念——通过户外远足给孩子们第一手经验，提高孩子们对于自然世界的舒适度和熟悉度（Danoff-Burg，2002；Kupetz & Twiest，2000）。我们的活动目标包括：

- 让儿童通过观察、聆听、触摸、闻等多感官与自然环境互动，培养儿童对自然界的好奇感和愉悦感；
- 收集户外材料，并将其拿到班级进行进一步调查；
- 挑战自己的身体，鼓励儿童通过与环境的肢体互动来培养自信，如奔跑、攀爬、跳跃、行走和保持注意；
- 让儿童通过积极的调查形成对自然的认识，以及验证有关自然世界的想法；
- 通过在学校内外的探索和远足，培养儿童的归属感、成就感、胜任感，以及自尊和自信。

在大自然中散步

我们几乎每天都在大自然中散步，这个活动的重点就是放慢脚步，让学步儿有充足的时间观察、体验和讨论他们所看到的、听到的和触摸到的东西。学步儿刚刚进入正式教育阶段，我希望他们第一次接触大自然的学校经历是基于他们在大自然中散步时所萌生的自发兴趣。可是从 9 月一直到 11 月,孩子们在大自然中散步时略显退缩和犹豫。例如,他们原本不想近距离观察香蕉蛞蝓,但在反复接触黏糊糊的大蛞蝓后,他们的兴趣提高了,并且越来越放松。几个月后,孩子们逐渐习惯了周围的自然环境,也习惯了对自然环境的观察,以及我们的提问和探索方式。

对香蕉蛞蝓的认识和探索

一个冬天的早晨,我和苏茜带着 6 个刚学会走路的孩子沿着生态绿道散步。生态绿道位于普雷西迪奥公园最大的分水岭,可以俯瞰观景台,从这里我们可以看到桉树林和旧金山湾。在去生态绿道的路上,孩子们一边自信地往前走,一边独自沿途探索。这种全新的自信在我们后期更有重点的自然散步中逐渐体现出来。

林间的生态绿道

基拉爬到灌木丛下，想找些活的东西来研究。她顺手摘下靠近脸庞的黑莓藤，在潮湿的灌木丛中寻找。她的坚持终于得到了回报，她发现了一只香蕉蛞蝓正在沿着一根腐烂的细树枝缓慢蠕动。她蹲得更低一些，以便看清楚那个爬行的生物。安德鲁用一根粗树枝把蛞蝓挑了起来，他把蛞蝓放在小路上。所有的孩子都蹲下来，眼睛距离地面约5厘米，观察香蕉蛞蝓的一举一动。迪伦和安德鲁曾经无法忍受香蕉蛞蝓的模样，他们摘下一片绿叶，把它举到香蕉蛞蝓的前面，也许是给它喂点吃的。

安德鲁从兜帽里拿出一个塑料袋递给我，他不敢自己动手把香蕉蛞蝓抓进袋子里。每次散步时，我们会带一些塑料袋来临时存放收集的自然物，以便带回学校进一步调查（之后我们会把蛞蝓送回林子里）。我让他自己用手抓香蕉蛞蝓，但他把塑料袋塞到我的手里。我轻轻地把袋子推给他，因为我想让他自己想办法把蛞蝓放进去。我帮他回忆过去他观察苏茜、斯蒂芬妮和我收集自然物时的情景。由于儿童的经验比成人少，他们往往不能全靠自己来理解新的情况。因此，他们必须把已有的知识和技能带到一个特定的问题情境上，并试图解决它（Danoff-Burg，2002；Kupetz & Twiest，2000）。我带着他一起回忆教师们是如何把蛞蝓装进袋子的，这成功地帮助他形成了问题解决方案。他把手伸进袋子里，轻轻地放在香蕉蛞蝓上面，用袋子触碰香蕉蛞蝓，然后把袋子翻过来，把它拎回幼儿园。

那是安德鲁第一次独自收集自然物，他对自己的表现非常满意。真正的科学探究需要满足儿童的兴奋、创造力和好奇心，也需要鼓励儿童和成人共同冒险，追求新的挑战（Worth & Grollman，2003）。当我们到达教室时，安德鲁第一次自信而温柔地把塑料袋里的香蕉蛞蝓放进容器里。

第一次接触

后来，安德鲁在花盆下面的泥土中使劲挖。他发现了几条身上布满泥土的蠕虫和 1 厘米多长的普通的花园蛞蝓。他用铁锹轻轻地把它们挑起来，扔进香蕉蛞蝓的容器里。当看到最大的蛞蝓时，他用铲子把它铲了起来，这样他就可以研究蛞蝓眼部的触角是如何伸缩的。当安德鲁用铲子时，我发现基拉走过来用手指把蛞蝓拾了起来。那是我第一次看到她触摸蛞蝓。她不在乎这个黏糊糊的小动物从她的袖子里溜了出来。几分钟后，我才注意到基拉正轻轻抚摸着这条约 10 厘米长的香蕉蛞蝓。基拉一直在比较普通的花园蛞蝓和香蕉蛞蝓的触角与体形。她甚至鼓励乔斯用手抓香蕉蛞蝓。令人惊讶的是，乔斯居然愿意伸手去摸蛞蝓。

基拉用手拿香蕉蛞蝓

每次斯蒂芬妮、苏茜和我向孩子们介绍一项自然活动时,我们都非常注重为儿童创造机会让他们继续探索收集到的材料和验证自己的想法。我们记录孩子们的进步,这样就能知道他们理解什么,以及如何深化他们的学习(Williams，Rockwood，& Sherman，1987)。我特别想鼓励孩子们通过图表和泥塑来思考、表征与记录自己的经历(Worth & Grollman，2003)。当孩子们午睡时,我在美术室投放了一些材料,孩子们可以用这些材料表征他们所认识的香蕉蛞蝓。孩子们知道美术室是另一个可以让他们有机会研究香蕉蛞蝓、蜗牛或蠕虫的好地方。

我通常把纸、颜料和记号笔放在桌子上,或者在桌子中间放一大块黏土,同时在旁边摆放有关蛞蝓、蜘蛛或蠕虫的书籍和绘本,这样孩子们在画画和泥塑的时候就能有机会学习、研究色彩丰富的图片。丰富的材料和开放的环境为孩子们表征这些生物提供了多样化的选择。当儿童能够以多种媒介和方式再现自己的想法时,他们的学习是最有效的。因此,鼓励儿童通过建构再现他们在现实生活中观察到的东西,能够促进儿童对抽象概念的学习(Danoff-Burg，2002)。

掀 开 花 盆

在开展更聚焦、内容更丰富的自然散步活动后的一个月,我观察到安德鲁在学步儿院子里的行为发生了一些显著的变化。以前我常常看到他在院子里漫无目的地走来走去,现在我发现他在独自探索环境时更放松了。户外环境提供的结构化材料和设施比教室里少,为儿童独自探索提供了广泛的机会,更有利于儿童进行发现和探索学习。

探索游戏是关于发现的游戏。安德鲁积极地寻找自然物。当我走到院子里时,我看到苏茜已经掀开了一个八边形的花盆,想在下面找什么东西。从远处,我看到安德鲁在她旁边,她蹲着,似乎是在刮花盆底部的东西。当我走近时，我看到安德鲁盯着那个橙色的塑料容器。然后，我看到五条蛞蝓从容器的侧面和底部爬了上来。安德鲁没有用手抓它们，只是静静地观察它们。这时，苏茜不断地支持、引导和建议安德鲁提出问题与想法，并专注于新的想法（Worth & Grollman，2003）。

我眼角的余光注意到基拉正向安德鲁跑去。她轻轻地把安德鲁的手从容器旁拉开，这样她就能更清楚地看到里面的东西。"香蕉蛞蝓宝宝！"她惊喜地叫道。"蕉蕉宝宝，蕉蕉宝宝。"安德鲁重复道。他们俩都看了看香蕉蛞蝓，然后我问道："这些是香蕉蛞蝓宝宝吗？"我给他们提供了新的材料，希望孩子们花时间去探索。我发现儿童只有在满足好奇心后，才会愿意听我一连串的问题（Williams et al.，1987）。

几分钟后，苏茜让安德鲁一个人去找蛞蝓。安德鲁把容器放在另一个花盆旁。他蹲下来，用整个上半身的力量把花盆掀开。他下定决心主动寻找更多的蛞蝓。我站在那里惊讶得说不出话来，因为过去安德鲁想要收集小动物时，总会拉一个大人的手，请求大人帮他拿。这是我第一次看到他自己冒险去收集蛞蝓。他用力推了几下，最终把花盆掀翻了。

安德鲁掀开花盆

这时基拉跑了过去，他们一起盯着花盆的底部。当我走近看他们在做什么时，我看到基拉的手里捧着一只小花园蛞蝓。她把蛞蝓举到安德鲁的面前，这样他们就都能看到蛞蝓的触角伸出来。基拉主动利用自己的触觉，因此观察得越发专注，与此同时，儿童之间的互动也丰富了彼此的学习体验（Sisson，1982）。

对香蕉蛞蝓的表征——图形表征的力量

1月初，基拉、安德鲁、珀特和我第一次去美术室，想要把收集的香蕉蛞蝓画下来，我们把蛞蝓放在一个托盘上。我想知道，如果蛞蝓就在孩子们面前，而不是被容器隔开，孩子们对蛞蝓的图形表征是否会发生变化。可是这种早期的表征体验效果并不好，因为孩子们看到塑料容器外的香蕉蛞蝓时还感到不自在。当香蕉蛞蝓在基拉的纸上蠕动时，基拉捂着肚子，当香蕉蛞蝓爬到她手边时，她甚至停止了绘画。我耳边传来的是孩子们的犹豫和嘟囔。

后来，3月的一天，珀特、基拉和安德鲁提出想去美术室用黏土做蜗牛、毛毛虫、蠕虫、蜘蛛或香蕉蛞蝓。安德鲁自告奋勇当香蕉蛞蝓的搬运工，他把装着蛞蝓的容器带到美术室。我一打开美术室的门，孩子们就开始挑选材料，迫不及待地开始创作。基拉拿出记号笔和纸放在面前。她选择画托盘上的香蕉蛞蝓。在过去的几星期里，基拉觉得和香蕉蛞蝓在一起更自在了。事实上，当基拉有充足的时间触摸这些蛞蝓，以及当蛞蝓摆放在她面前时，她更愿意把蛞蝓画下来。

基拉在画蛞蝓

当对香蕉蛞蝓拥有更多所有权，且能够与蛞蝓面对面时，儿童画的香蕉蛞蝓变得更有代表性。我也鼓励孩子们画一些蛞蝓的草图，这就形成了一个系列的绘画，能够展示他们不断提高的观察能力和绘画能力。例如，基拉对香蕉蛞蝓的描绘显示出稳定的进步，因为她边观察边绘画。当香蕉蛞蝓在她面前爬时，她也感到非常放松。例如，3月的一天，她把所有的香蕉蛞蝓宝宝都捡起来放在托盘上。她告诉我最后两幅画是蛞蝓宝宝，它们的眼睛在看着她。当我回顾孩子们画的香蕉蛞蝓时，我意识到孩子们甚至注意到了香蕉蛞蝓爬行时留下的黏液痕迹，并且他们变得很擅长画这些痕迹。

第 11 章 促进学步儿的自然探究 · 173

基拉的香蕉蛞蝓系列绘画

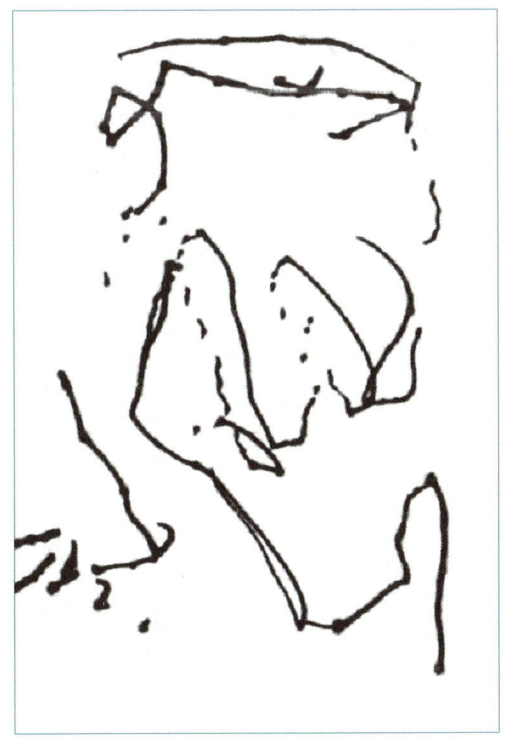

珀特画的蛞蝓黏液痕迹

用黏土表征

在使用黏土表征蛞蝓时，我的目标并不是让孩子们科学准确地呈现香蕉蛞蝓的身体构造，而是让他们一边观察蛞蝓，一边用黏土捏蛞蝓，从而探索黏土是如何结合在一起的，哪些特性是重要的，以及部分与整体的关系（Danoff-Burg，2002）。几乎每个儿童都以不同的方式探索黏土和制作蛞蝓。在几个月里，孩子们用黏土制作了许许多多的香蕉蛞蝓。我发现安德鲁塑造香蕉蛞蝓的方式发生了一些显著的变化。安德鲁用黏土做的蛞蝓在这项工作进行近2个月后才真正呈现出香蕉蛞蝓的形状。现在安德鲁可以花更多的时间和精力去探究香蕉蛞蝓了，因为他对蛞蝓感到很自在。当他能够用手拿着它，抚摩它时，他的黏土作品也逐渐成形。

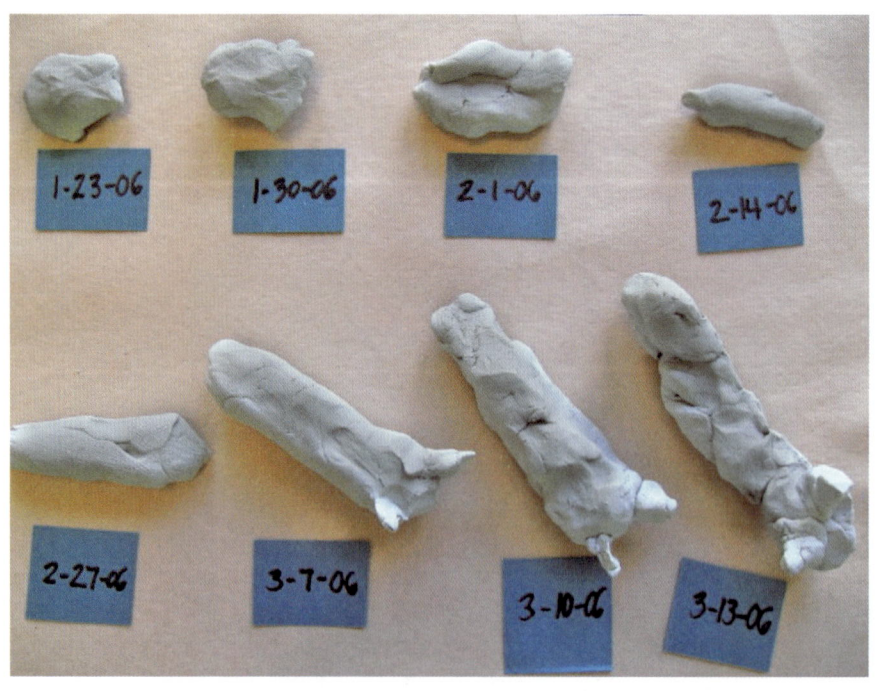

安德鲁的香蕉蛞蝓黏土作品

自从基拉在生态绿道上捡到许多小香蕉蛞蝓，她的黏土作品就越来越像蛞蝓了。她反复用黏土捏许多香蕉蛞蝓宝宝，每次捏好后都会说那些是蛞蝓宝宝。珀特的黏土作品有了香蕉蛞蝓的最初形状，但像基拉和安德鲁一样，在研究了一个半月后，直到 2 月份这些黏土作品的形状才比较明确。珀特是唯一一个不愿触碰香蕉蛞蝓的孩子，但是当别人拿着蛞蝓的时候，他还是愿意近距离观察。

孩子们的黏土活动和游戏为二维绘画作品的创作提供了有效的三维立体。总之，绘画和黏土表征是一种艺术方式，我们可以借此回顾和反思（Chalufour & Worth，2003）在自然散步时发现的蛞蝓。

放大的香蕉蛞蝓

我继续为儿童投放做实验的工具，让他们用新的方式从不同的视角观察香蕉蛞蝓。我给儿童提供了在投影仪上观看蛞蝓的机会，这为我们的观察和讨论提供了一个新的途径。

放大 100 倍的香蕉蛞蝓

基拉把装香蕉蛞蝓的容器从桌子上拿到了投影仪上。这是孩子们以前从未做过的事情，因为我们的大部分调查都是在桌子上进行的。珀特跟着基拉，看着她打开容器的盖子。基拉伸出一只手，然后轻轻地把所有的香蕉蛞蝓宝宝都拿出来，把它们放在投影仪上。当基拉把它们放在明亮的投影仪上时，三个小脑袋同时转向墙上的屏幕。基拉在生态绿道发现了一些小香蕉蛞蝓宝宝，这点燃了她对小蛞蝓的热情。她只把小蛞蝓和一只蜗牛从容器里拿出来，把大蛞蝓留给安德鲁。她一边看着屏幕，一边说这只蜗牛和香蕉蛞蝓宝宝长得多么像。她冲到屏幕前，指着彼此相似的地方。"看，蜗牛的头和蛞蝓宝宝的一模一样。"她惊喜地叫道。"哪只是蜗牛？"我问她。她指着蜗牛，我又问："你怎么知道？""那个球是它的壳。"她回答。

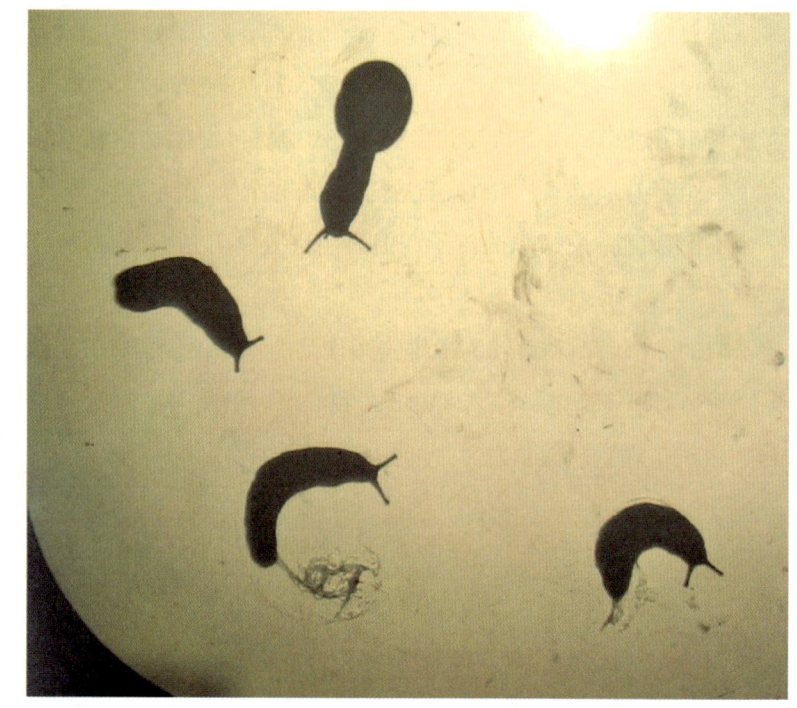

基拉的香蕉蛞蝓被放大了

安德鲁最初对香蕉蛞蝓放大之后的样子感到惊讶，之后注意到香蕉蛞蝓的眼睛从它们的头顶突出来。他走到屏幕前，摸了摸香蕉蛞蝓的眼睛，看起来很困惑，为什么它的眼睛没有像以前那样收回去呢？安德鲁对香蕉蛞蝓的眼睛十分着迷，每次他"拿"起屏幕上的蛞蝓，就会轻轻地拍它们。他不停地戳那个影子，希望能从香蕉蛞蝓那里得到一点反应。当他发现自己在屏幕上的动作徒劳无功时，他又回到了投影仪前。

珀特到现在还没有触碰过香蕉蛞蝓，他站在投影仪后面，看着基拉和安德鲁不停地摆弄它们。每次珀特看到同伴们挪动蛞蝓，他都会盯着屏幕看看结果如何。投影在屏幕上的一层黏液促使他去寻找香蕉蛞蝓身上的洞。他知道香蕉蛞蝓的一侧会渗出黏液，但不明白为什么屏幕上看不到那个洞。"这个洞在哪里？"他问道。基拉指着投影仪上的香蕉蛞蝓。"不，在那边。"珀特指着屏幕。安德鲁重复道："这儿，这儿。"同时指着香蕉蛞蝓身上的洞。珀特猜想，放在投影仪上的香蕉蛞蝓也许能投射出三维立体的图像。

安德鲁对香蕉蛞蝓的眼睛十分着迷

对于如何摆弄投影仪上的蛞蝓，每个孩子都有自己的计划。基拉想把蛞蝓宝宝放在一起，而安德鲁坚持要把它们排成一排。珀特指了指那些从玻璃板上滑下来的蛞蝓。孩子们一旦把香蕉蛞蝓挪动到他们想要的位置，就会迅速跑到屏幕前查看投影图像的变化情况。孩子们新发现的这个活动足足持续了半个多小时。

在以儿童为中心的科学课程中，儿童受益于长时间的科学探究活动，这些活动能让儿童独立制订并执行计划（Williams et al., 1987）。当孩子们用投影仪作为观察蛞蝓的新方式时，他们会主动探索和研究蛞蝓。由于学步儿主要通过感官和动手操作进行学习，因此他们需要触摸、探索和游戏的机会，从而了解事物运作的方式（Williams et al., 1987）。

分享自然发现

随着对自然的研究、对香蕉蛞蝓和其他生物探索的继续，儿童在与他人分享自己的发现和收集的自然物时变得更像真正的科学家。因为在自然学习中有一个重要的社会情感因素，每个儿童都以不同的方式进行分享。例如，当我们刚开始收集蛞蝓时，分享对安德鲁来说并不是一件容易的事情。如果有人试图看一眼他的容器里装的是什么，他就会抱着容器跑掉，或感到不安。他把其他儿童发现的蛞蝓收集起来，当他知道周五教师们必须把它们放回林间小路时，他就央求妈妈把香蕉蛞蝓带回家。

在收集小动物的第一个月里，我观察他的行为，得出的结论是，他对生物的热情非常强烈——强烈到有时不允许别人加入。然而，随着时间的推移，他逐渐成熟起来，会与同伴分享一些小动物。他允许别人进入他的科学世界的转折点就是苏茜在他手上放了一条蛞蝓。在此之前，安德鲁从未触碰过他收集的任何一个小动物。当他意识到触碰这些蛞蝓并不会给他带来任何伤害时，他就敢于用手去抓。就是在那时，我发现他可能不想让任何人靠近，因为如果蛞蝓被拿走，他就没办法取回来了。

直到我们收集小动物的第二个月，安德鲁才与同伴、父母和老师分享这些生物。安德鲁面带微笑地走到学步儿院子里，手里拿着一个装满小动物的容器。有一天，学前班的孩子们经过我们的院子，正准备走进他们的院子时，学前班老师詹妮弗走向安德鲁。安德鲁收集了一些蛞蝓和蠕虫，准备把它们放进容器里。詹妮弗问："你手里拿的是什么？"他回答："蕉蕉，蕉蕉。"他拿起一条蛞蝓，伸向她的手，想把它放在她的手上。安德鲁的这个动作恰恰模仿了苏茜老师鼓励他触摸蛞蝓时的动作。当詹妮弗告诉安德鲁她只想看看它时，她把自己的手换成了特伦斯的手，这样安德鲁就可以和他分享蛞蝓了。"这是什么？"詹妮弗问道。特伦斯加入安德鲁的行列，回答道："蛞蝓，你在那儿可以找到它？"安德鲁拉着詹妮弗的手，把她带到花盆前。他掀开一个花盆，让她看甲虫在爬，蟋蟀在跳。"你就是在这儿找到蛞蝓的？"詹妮弗问道。

特伦斯拿起安德鲁的蛞蝓，直接举到詹妮弗的面前。"那是黏液。"他用手指着。詹妮弗问道："黏液？""是的，这样它就能移动了。"特伦斯回答。安德鲁和特伦斯分享了蛞蝓可以在哪里找到，以及黏液的用途。尽管詹妮弗还没准备好去触碰蛞蝓，特伦斯还是给她上了一堂简短的课。

与此同时，安德鲁走到围栏前，想引起另一位老师盖尔的注意。安德鲁把容器举起来让她看里面，又拾起一条蛞蝓让她拿着。他想和院子里的其他老师分享他的发现，因为他终于克服了触摸生物的恐惧。收集标本时的自信使他成为学步儿教室里的小领袖。当其他儿童发现有趣的东西，他们会叫安德鲁把它放在容器里。当其他儿童和安德鲁邀请对方加入彼此的探索时，他们之间的互惠关系也在增进。寻找蜘蛛和其他生物成为孩子们的日常，我觉得他们可以在任何室内外环境中磨炼自己的调查技能。与玩具相比，他们对沿着窗纱寻找蜘蛛更感兴趣。当这些学步儿用树枝探索缝隙，把东西翻过来，研究标本容器时，他们继续打造着属于自己的课程。

科学讨论的艺术

散步、绘画、泥塑和投影仪等活动最终汇集到儿童身上，这些活动的整合促进了同伴之间的自然分享和讨论。

例如，珀特、安德鲁和基拉在制作蛞蝓黏土作品时进行了一段对话，这段对话展示了他们从散步和其他活动中获得的科学知识。

> 梅布尔：香蕉蛞蝓喜欢吃什么？
>
> 珀特：蠕虫。
>
> 基拉：不是，鸟儿才喜欢吃虫子。记得吗，下雨的时候它们在院子里。

珀特：嗯嗯。

基拉：蛞蝓喜欢吃草和树叶。蜗牛有眼睛，你看，它们没有触角。

梅布尔：蜗牛没有触角吗？那么香蕉蛞蝓有触角吗？

珀特：香蕉蛞蝓有眼睛，没有触角！

基拉：嗯哼，香蕉蛞蝓有眼睛和触角。你看，它的眼睛在这里，触角在这里。

珀特：不，它们只是把眼睛举起来。

梅布尔：你认为这些东西是用来把眼睛举起来的吗？

珀特：嗯，香蕉蛞蝓没有触角。哦，它要咬我了。

梅布尔：香蕉蛞蝓会咬人吗？

基拉：不会。一只蜜蜂蜇过我的脚。

梅布尔：香蕉蛞蝓会蜇人吗？

基拉：不，它没有翅膀。它只有黏液。蜜蜂有螫针。看看这些黏液（指着容器盖上干了的黏液）。

梅布尔：香蕉蛞蝓用黏液做什么？

珀特：为了牙齿。

基拉（看着香蕉蛞蝓）：看它的肚子，就在那里。

梅布尔：肚子吗？

基拉：是的。

梅布尔：肚子的哪里？

基拉：这样它就可以移动。

在这次谈话中，基拉把她对香蕉蛞蝓的认识与同伴和我进行分享。她提醒珀特，小鸟吃虫子，而香蕉蛞蝓不吃。她指出香蕉蛞蝓有眼睛和触角。珀特纠正了她，说香蕉蛞蝓确实有眼睛，但没有触角。他认为香蕉蛞蝓头部上方的杆状物是用来支撑眼睛的。基拉中止了关于香蕉蛞蝓为什么不咬人的争论，因为它们没有翅膀。她认为有翅膀的东西才会蜇人。

虽然珀特认为黏液是用于香蕉蛞蝓的牙齿，但基拉认为黏液是让它们能够移动的。这样的对话在一定程度上来自我不断的追问，可以帮助珀特和基拉形成想法，并鼓励他们提出问题。通过这些科学对话，学步儿获得了新的认识，这些认识虽然不完全准确，但与原来的认识相比更为合理。随着时间的推移，在记录孩子们的讨论时，我可以看到他们的观察如何变得更加聚焦，他们如何更巧妙地使用词汇来交流彼此的想法，以及如何通过分享自己的观点和从同伴那里听到的观点来巩固自己的发现。

思考——我们学到了什么

在我多年的教学生涯中，我注意到许多儿童上学时对自然环境的直接经验非常有限。尤其是学步儿，他们一方面还不能理解与大自然接触时可能会发生的事情，另一方面对大自然有着巨大的恐惧。儿童倾向于与熟悉和舒适的事物建立联系。他们如果想与自然世界建立联系，就必须经常有机会去体验户外环境——有充足的时间了解到自然是一个充满奇迹、舒适、欢乐的地方，同时是一个充满危险的地方。想要儿童了解太阳的美丽和温暖，就要让儿童逐渐接触大自然，比如在阳光明媚的日子里到户外晒太阳；想要儿童了解和关心大自然，培养儿童对大自然的亲近感，就要让他们在生命的早期获得与自然世界接触的积极体验。

过去我们带孩子们到大自然中散步，主要是为了锻炼孩子的双腿，释放他们的精力。散步意味着孩子们有机会暂时远离幼儿园的氛围，享受美丽的沿途风景，熟悉周围的自然环境。但孩子们很少想要停下来研究一路上迎接我们的各种生物，因为我们总是步履轻快地从小路上走过。

在与配班老师进行一些反思和讨论后，我想看看这群学步儿在户外散步时真正的兴趣所在。什么引起了他们的注意？他们想探索什么，想去哪里？当我们向儿童介绍沿途的各种生物时，他们能理解多少？这会影响他们对自然探究的全面发展和理解吗？我们首先做的就是放慢脚步。我们是怎么做到的？让孩子们坐在路边，问他们沿着小路会看到什么。当活动引入鲜活的小动物时，我们会观察并记录孩子们的行为，看他们现在更关注地上的什么小动物或小生命，他们的调查技能也由此得到了锻炼。我们散步的目标已经发生改变，现在的目标是收集自然物，并把它们带回幼儿园，进行具有发展适宜性的科学调查。孩子们观察的重点也转移到了幼儿园的小院子里，因为他们要继续在那里寻找其他自然物来进行研究。

在社会和人际交往方面，儿童拥有更多的技能和动机与他人合作，分享彼此的发现（Gandini & Edwards，2001）。他们与同伴的合作加强了对事物的分析和解释能力。当我们用心倾听并记录这些言语和非言语的交流与分享时，孩子们就更有可能邀请我们走进他们的科学世界。最后，如果自然经验不仅仅是重复的，而是不断扩展的，儿童的科学知识就会逐渐丰富。儿童持续几个月专注于泥塑和递进式绘画表明，他们如果对自然的某个方面感兴趣，就会用新的方式表征和思考自己的学习。我所使用的探究工具——详细的书面观察记录，对儿童之间的谈话进行录音，并持续拍摄照片——提升了自身的观察能力，也帮助我看到学步儿在科学探索和自然学习方面展现出的惊人能力。

第 12 章

从恐惧到自由：森林学校中的冒险与学习

工具栏 12.1　科学与自然核心要素

- 在森林学校里通过探索和发现学习科学
- 生命周期、季节、生态系统和微气候
- 动物的栖息地
- 分解作用和植物生长
- 通过长期、反复地接触广阔的自然环境获得科学知识和理解
- 在大自然中利用工具和冒险

工具栏 12.2　探究的核心要素

- 采用探究周期作为指导框架
- 使用照片、视频和笔记记录与反思每天的自然活动
- 将儿童拍摄的照片用于记录和反思活动
- 通过书面笔记、录音和录像记录儿童的对话
- 收集和研究各种自然物与人工制品
- 与儿童共同参考野外指南和其他自然资源，从而获得所需信息，更好地开展合作探究

我花了很长时间才明白，大自然本身就是课程。在有风的日子里，森林学校的孩子们表现得和传统教室里的孩子们一样活跃，但在我工作了近3年的这所森林学校里，他们才真正感受和体验了风的含义：头发被风吹乱了，轻轻的物体被风吹跑了，湿湿的手被风吹得凉凉的。生物学背景对我帮助良多，当然还有作为幼儿教师16年的工作经验，我曾担任幼儿园教师、花园指导教师以及森林学校教师，其中有11年是完全在户外度过的。当附近有蜂鸟飞来或草丛里有死老鼠时，孩子们就会跑过来喊我。他们知道我能体会他们的好奇和惊喜，并诚实地回答他们的问题，同时为那些表现出兴趣的儿童提供一些宝贵的信息，帮助他们获得知识，并为未来的经验提供参照。

在这个角色中，我把自己看作一个年长的伙伴，一个和孩子们分享信任感和好奇心的伙伴。我同意吉塔·杰沃登在第4章所提到的"自然伙伴"的重要性。"自然伙伴"能够培养儿童对大自然的兴趣，并为遇到陌生事物而产生强烈情感反应的儿童指明方向，比如生长在都市的儿童突然遇到蜗牛时。孩子们开始认识身边年长的伙伴，并分享他们的兴奋与好奇。这些年长的伙伴能帮助他们认识周围的环境，区分风险与危险，从而逐渐学会降低风险（MacEachren，2013）。一些学者认为，成人与儿童的关系是森林学校最重要的方面之一（Maynard，2007），要高度重视在课程中融入对儿童真正的尊重，并且在相互信任的基础上建立关系（Forest School Canada，2014；Warden，2010）。儿童在自然环境中的自由活动取决于家庭所处的物理环境、经济环境和社会文化环境（Kyttä，2004；Louv，2008）。作为户外教育者，我非常支持孩子们在大自然中的自由自在，更支持大自然本身就是教师这一观点。

我的自然体验

我带着对生物的兴趣和对户外活动的兴趣从事目前这份工作。我成长于20世纪20年代的加利福尼亚州，大部分空闲时间都是在户外度过的。我和儿时的朋友们大多在自己的院子里、街道上、堤岸上跑步或骑自行车，或者去当地的公园、游泳池和开放的校园里玩。在公立学校，课间休息和午餐时间有很多自由时间，我们可以在院子里、操场上、田野或树下随心所欲地玩耍。作为一名自然科学家，我的本领都来自用毕生的时间和精力捉昆虫、抓小鱼、捞蝌蚪、捡石头、爬树、挖土、从山上滑下来、在水道里踩水等。我的卧室架子上放着一个生锈的咖啡罐，用来存放各种各样的宝贝。我的家人热爱科学，他们允许我饲养一星期小动物，然后把它们送回大自然。

我对户外活动的热爱一直持续到青少年时期。13岁时，我们搬到加利福尼亚州州立公园附近，母亲在那里找到了一份工作。妹妹和我可以在我们房子后面的核桃园玩。我们经常改变小溪的路线，到我们喜欢的任何地方遛狗，在平日游人较少的时候骑着单车在公园里到处跑。作为高中越野队的一员，我在北加利福尼亚州的小路上跑步。我想说的是，我的妹妹、朋友和我在整个童年时期都感受到一种自由感。家里的大人们很少盯着我们，因为他们相信我们是安全的。当我们注意到天色已晚，汽车都打开车灯时，就知道该回家了。

我对科学的热爱一直持续到大学毕业以后，我在生物实验室做助手，主要是照顾动物。后来，我从事了一项偏行政的工作，但对我来说，这与我期待的与动物直接打交道且充满脏乱、乐趣、有成就感的工作相去甚远。

我童年的故事与其他自然历史学家相似。哈利·格林（Harry Greene，2013）、约翰·缪尔（John Muir，1912），以及珍·古道尔（Jane Goodall & Hudson，2014），他们都是在没有成人持续监督的情况下，在土地和大自然中度过童年的，这让他们明白了生命周期和季节更迭，并开辟了成为自然学家和教师的成长路径。我目前的工作是在繁忙的都市环境中开展的，大城市的父母害怕让孩子单独一个人。我有一个强烈的愿望，那就是让孩子们拥有类似的童年经历，并尝试寻找平衡：一方面放手让他们自由地尝试和学习，找到属于自己的成长路径；另一方面，当他们离开父母时，做一个负责引导他们的成人。

幼儿园教师是我的第二职业。我当时一边在私立幼儿园当教师，一边修大学学位。我曾在鸭巢幼儿园工作，那所幼儿园强调为儿童提供美丽的环境，因为人们意识到环境也是教师。在我任职的早期，我参加了一个研讨会，那时我第一次从罗宾·穆尔（Robin Moore）(Moore, Cosco, Kepez, & Demir, 2008)那里了解到森林幼儿园。他谈到了位于德国慕尼黑的一座公园里的森林学校，孩子们整天在雪地里玩耍，还在树上小便。当我寻找更多的方式将孩子们与户外环境联系起来时，幼儿园刚好接管了隔壁街区的一块空地，我便成为鸭巢幼儿园的花园指导教师。幼儿园的五个班级每周都要参观一次花园。

有时，我在幼儿园的花园里明显感受到来自家长和参观者的恐惧与烦忧。出于对攀爬高度的担忧，教师们变成了攀爬管理员。擅长攀爬的儿童不再有攀爬的欲望，而能力较差的儿童也没有了接受挑战的决心。孩子们和教师们的失望情绪随处可见。

在我开始做第一个户外项目的时候，理查德·洛夫写了《林间最后的小孩：拯救自然缺失症儿童》[1]，感慨现在的孩子失去了我和其他人曾享受的童年自由，普遍缺乏与自然的联系。从某种程度上而言，成人失去了对儿童的信心，觉得儿童需要成人的密切关注，需要参加有组织的活动，不允许儿童静静地发呆或者在公共区域肆意奔跑（Kyttä, 2004; Louv, 2008）。森林学校的空间布局本质上比传统教室更具风险。教师通常携带着紧急联系信息、充电手机、应急计划和急救箱，以确保儿童的安全。我们逐渐发现，"儿童学会自我调节：随着经历更多危险的活动和地形，他们学会独自确认某项活动是否安全，而不是依赖外界的成人为他们做决定"（Forest School Canada, 2014）。我赞同伯纳德·施皮盖尔（Bernard Spiegel, 2017）的观点，他认为儿童：

> 想和需要冒险。他们这样做是"自然的"，因为如果任由他们自由自在，他们就能寻找并创造带有一定程度风险或不确定性的情境。这个冒险的过程必然需要探索、

---

[1] 该书的简体中文版由中国发展出版社于2014年出版。——译者注

发现以及了解自己、个人能力和更广阔的世界。冒险是为了维护自己的自主权和自主性。儿童通过行动了解什么样的行为会导致什么样的后果。这是道德教育的一个方面，而游戏和冒险又是一种创造性的行为。

随着户外教学经验越来越丰富，我逐渐不再使用先前的科学课程，而是设置了类似于传统教室里的各个区域——阅读区、艺术区、音乐区，还有一张工具桌。一段时间后，我才意识到这些典型的教室区域及其材料会分散孩子们对真正重要的东西的注意力，即与自然的联系和社会互动。儿童不需要在传统课程领域接受教育，但他们需要全身心地学习。这种价值观和体验与我学过的儿童发展课程当中所教的那些价值取向截然不同。很快，我移除了户外教室中基于传统课程的各个区域，最终离开了这个工作环境，选择去森林学校教书。在森林学校里，我能够投入更多的精力实践让环境作为教师的教育理念。每天我都带着一个新的想法或项目来到学校，比如"制作树叶项链"或"找出花朵上有多少花瓣"。可是，很快我发现孩子们对这些活动并不感兴趣。我把这些活动的点子记在心里，以备在游戏中快速调整方向，但我从来没有真正开展过这些活动，很明显，我自己对课程的想法和思路从来比不上孩子们的想法和思路，但我找到了属于自己的教学方法：把教育交给环境，交给孩子。从树上折下来的树枝、可以攀爬的泥泞山坡、被太阳晒热的黑莓、随手可以采摘和品尝的野果、孩子们想分享的一个心爱的玩具或一本心爱的书，所有这些都代表着不断变化、无须计划但最终意义深远的课程。我是户外活动的促进者。这份新工作和这些新的教学方法对我的职业生涯也是一种挑战，我意识到每个人都存在不同程度的恐惧，无论大小，无论是真实的还是想象的。要成为一名成功的森林学校教师，我需要学会正确面对和处理这些感受。我使用的方法包括深呼吸、拉近距离、与孩子们或者同事一起反思，或独自反思，以及写作。

我在森林学校的调查与探究

在教师职业生涯的早期，我就决定把我和孩子们一起从事的活动记录下来。当我在教室内组织活动时，我把孩子们的美术作品、课堂展示以及带有标注的记事卡存放在文件夹里。当我在户外组织活动时，记录变得更加困难，因为存储和展示物品的实际方法更具挑战性。我现在的方法包括撰写每日观察笔记、拍摄照片和反思，这样到每周结束时，我就会整理出一个翔实的学习故事，讲述我和孩子们一起度过的美好时光。另外，我还以电子邮件的形式记录每周的活动，再附上照片，我把这些邮件发送给孩子们的家长和我的同事。其余的照片和视频都保存在硬盘里。当课程还在进行时，我会回顾这些内容，在课程结束时再回看一遍，之后每当我想看看自己的教学方法和周围的物理空间发生了哪些变化时，我都会回顾这些内容。这些照片、电子邮件和文件夹是我作为教师的成长记录。

当我开始围绕这个课题做研究时，我在一所森林学校任职，这所学校为旧金山湾区一个种族和经济多元化的社区服务。学校开设幼儿园混龄班、一项针对家庭参与的每周活动，以及针对3岁以上儿童的夏令营。在本章中，我将讨论在2017年两周的夏令营中收集到的具体资料。我所带的孩子们年龄在5—8岁，他们周一到周五来学校。除了晨谈、点心时间和午餐时间外，其他大部分时间都在户外自由游戏。

我的研究课题来自一系列关于自然教育、恐惧和自由的问题，例如：我能退后一步，让孩子们独自发现并选择自己的兴趣吗？孩子们会形成有凝聚力的团队一起合作吗？他们会选择那些别人认为危险的冒险活动吗？为什么当孩子们从事一些新的活动或违背自己个性的活动时，我经常感到恐惧？我能否帮助自己和他人克服内心的恐惧？

我采用了布罗德里克和宏（Broderick & Hong，2011）的探究循环作为调查框架。第一步是做观察记录。在此过程中,我每天都用手机拍照,记录个人和小组的游戏。我还用笔、纸以及手机写观察记录,然后把它们添加到每周的电子邮件中。我和孩子们偶尔会用手机拍摄小视频。我还设计了每周花名册,在花名册的底部留出一块写作的地方,用来记笔记以及概括每天的亮点,并且与家长分享。第二步是形成假设,我每天都会编辑照片并把它们上传到笔记本电脑上。通过回顾照片、视频和观察记录,我对每天开展的活动进行反思,并且把自己的想法写下来。

每天回顾这些资料有助于规划研究问题,这是探究周期的第三步,能为即将开展的活动提供方向。随着时间的推移,我进入了探究周期的第四步,那就是规划干预措施来引导孩子们的思考。我想到了一些想法,并把它们列入班级晨谈的讨论事项。探究循环的最后一步是创设游戏和推进游戏,随着主题的出现和不断清晰,我和孩子们一起构思可以开展哪些活动。我们组的孩子们在整个过程中参与度都非常高,每天早晨到达营地和晨谈环节开始时,能很自如地表达自己的想法。

作为数据分析的一部分,我阅读了自然学家的著作,如《足迹和阴影:作为艺术的田野生物学》(*Tracks and Shadows: Field Biology as Art*,Greene,2013)、《希望的种子:来自植物世界的智慧与奇迹》(*Seeds of Hope: Wisdom and Wonder from the World of Plants*,Goodall & Hudson,2014)、《我的青少年生活》[1](*The Story of My boyhood and Youth*,Muir,1912)。我还阅读了其他科学家的著作,如《会玩才会学》(*Free to Learn: Why Unleashing the Instinct to Play Will Make Our Children Happier, More Self-Reliant, and Better Students for Life*,Gray,2013),以及记者的著作,如《林间最后的小孩:拯救自然缺失症儿童》(Louv,2008)。我有幸可以通过电子邮件和社交媒体与这些作者进行交流。他们的建议帮助我找到了研究和教学的重点。

在下文中,我将采用叙事的方法描述和思考收集到的数据。我特别分享

---

[1] 该书的简体中文版由安徽人民出版社于2012年出版。——译者注

了两个故事,"谷仓里的小动物"和"鳟鱼"。

在第一个故事"谷仓里的小动物"中,我呈现了一系列让我担心的事件,因为当时我正在尝试在开阔的公共区域里不控制孩子们的活动。我不知道如何才能摆脱这种不安的感觉。在第二个故事"鳟鱼"中,孩子们进行了一项涉及用火的烹饪项目。我希望孩子们能做他们想做的事,但同时需要找到降低身体伤害风险的办法。这两项冒险活动都涉及孩子们自主决策和计划,都是基于新的一周刚开始时孩子们主导的对话,对儿童来说是非同寻常的活动。在不同的时候,当看到其他人充满信心地突破自己的界限,之后孩子、家长和我也要把自己的界限向外拓展时,我们都会感到恐惧。以下是这两项冒险活动的例子。

"谷仓里的小动物"——一个关于独立的故事

"希瑟,快过来看!"——维奥莉特

我们的夏令营在一个受欢迎的大城市公园里开展,许多当地的孩子都非常熟悉这座公园。有一组儿童参加了为期一周的项目,主题为"我喜欢的动物",在这一周当中他们时常去峡谷深处捉香蕉蛞蝓,让它们在自己设置的障碍物中爬行,然后再把它们放回原来的地方。孩子们对远足感兴趣,想见识一下附近那些他们熟悉的农场动物。通常情况下,孩子们的家人会在早上晚些时候到达,但在孩子们计划了一整个星期之后,家长们在周五的时候都按照孩子们的要求提前到达营地。孩子们认为,早点出发可以有更多时间留在农场。我们出发得很早,还没到吃点心的时间就已经在路上了。孩子们率先穿过街道,再穿过一条小路,接着又穿过黑莓丛来到一棵他们最喜欢攀爬的大树前,孩子们给这棵树起名为"无名先生"。因为我是唯一熟悉这条小路下半段的人,所以我带领队伍继续往前走,穿过一个停车场。孩子们开始有点累了,又饿又渴,所以我们决定在一个安静、阴凉的地方停下来休息一下,让孩子们自由地爬树、喝水和吃零食。

那时我们离农场很近,孩子们对周围的环境感到熟悉,所以队伍就继续向农场的方向前进。这时,一辆一辆的校车接踵而至,停车场的人也越来越多,我开始对不断涌入的人群感到紧张。总的来说,整个队伍在营地的其余时间都很平静,但此时我不确定大家会不会在人群中走散。我把心中的担忧说了出来,并表示我们应该始终在一起。孩子们也分享了他们的想法,然后我们一起决定,到达农场后就找一个集合的地方,以防任何人和队伍走散。这个区域公园里的小农场面积不到4000平方米。农场里有一个小谷仓,里面住着一些动物,孩子们可以通过隔板进行触摸和喂食。谷仓后面是一个用栅栏围起来的斜坡,山羊和绵羊就住在那里。农场上也有一些树荫、一个洗手间,还有一些长凳。

在确定好位置以后,我们发现要找一个集合地点还是非常容易的,因为旁边有一个未使用的长凳区。当孩子们又热又渴的时候,我们都卸下背包,喝了些水。我跟孩子们商量,这里似乎是一个远离人群、比较安全的地方。如果走散了也不要紧,可以把背包先放在这里,然后去寻找伙伴。孩子们都欣然同意了。

正当大多数孩子看到奶牛都很兴奋并在谷仓里到处转悠时,利娅却变得非常害怕和不安,她一想到要从奶牛身边经过,就不愿意从长凳上起来。我也很紧张,思考着能不能把她一个人留在长凳上,或者带她进谷仓看看,因为我也想去谷仓里。她如果不进去,我想在场的其他家长可能就会质疑她或我。于是,我决定把计划说出来,这样也许能有助于减轻这些担忧,我向大家解释说我想去谷仓里看看,然后再回来看看她。当我从门缝里往外看时,我看到她正坐着,环顾四周,并不像刚才那样焦虑。在谷仓的另一边,我可以从围栏上方看到她,也可以看到我身边的人群。每个人都自得其乐,感到舒适。

在谷仓里

孩子们准备出发去看山羊。维奥莉特、德西和我一起去看坐在长凳上的利娅，其他孩子朝山羊走去。我告诉利娅，其他小朋友想去看看山羊，它们就在不远的拐角处，但是我从那儿没法看到她。我鼓励她和我们一起去看山羊，她同意了。

与我一起返回的孩子们想在树荫下停留一会儿，我在想他们会不会有事，或者家长是否会质疑这些孩子无人看管。孩子们脸上挂着灿烂的笑容，我想他们也想试着自己待一会儿。就像之前解释给利娅听一样，我告诉大家我要去的地方。利娅和我正要拐弯时，维奥莉特和德西注意到我回头看了他们一眼，"希瑟老师，我们想去洗手间！"我给了她们一个赞的手势，相信一切都会很顺利，尽管我对她们自己去洗手间还有点担心。看完山羊，利娅和我又回到山上。当我们看到一些家长在喂山羊时，她一直紧挨着我。过了一段时间，我告诉大家我要去看看另外两个去洗手间的孩子。当我向角落里张望时，我注意到她们静静地坐在自己的背包旁，看起来很满足。我不想打扰她们片刻的独处与宁静，也不想告诉她们我在远处照看和守护。当埃里克表示想要继续上山去看绵羊时，我对他说不妨告诉维奥莉特和德西，因为她们没准也想和他一起去。

利娅又开始变得紧张起来；我能看出她很纠结，既想看绵羊又想待在我身边。我告诉她我会叫上维奥莉特和德西，让她先和埃里克一起去。令我又惊又喜的是，她居然答应了！我相信是我们努力建立起来的信任关系起了作用。她终于信任我并和埃里克成为好朋友。这对她和她的自信水平来说是一个巨大的进步。接着，我又告诉其他孩子山上有绵羊，然后我们一起爬山。一到那里，我就跟孩子们解释说，我要下山去看看我们的背包，我想让其他来农场参观的人知道，这些背包是有人看管的。我把孩子们留在山上，紧张的时候我就练习深呼吸。我作为自然伙伴的角色在这一天和这群孩子在一起时显得没有那么重要了。当我观察孩子们的时候，我发现他们都开心地看着羊。当我再次仔细观察时，我注意到他们正在和一家三口聊天，所以我决定走近一些。我们组的一个孩子和这位家长的孩子都很兴奋，因为他们不仅穿错了同样的袜子，还穿在了同一只脚上！看来一切都很好。

当我发现每个人都很开心时，我决定让他们再独自待一会儿，我把要下山去看看背包的事告诉了刚刚认识的这一家人，并且把我的手机、照相机留给了孩子们，这样他们就可以自己拍照。我告诉孩子们，我在手机上设定了10分钟，然后打开照相机，问他们在我从长凳那里回来之前他们能否轮流拍照。孩子们同意了，接着我就下了山，转过拐角。后来，我看到他们在小路上一直咯咯地笑个不停。10分钟过去了，他们跑到我这里，咯咯地笑着，一个劲儿地讲着他们的冒险故事，例如，他们本来想拍照片，接着又想拍视频，结果一不小心把视频调成了"慢动作模式"。看视频时，他们以为背景里有一头牛在哞哞叫，但其实是埃里克在说："我快要死了！""太慢了！"他们很享受独处的时光，做自己的事情。我们都为孩子们刚刚获得的独立感而自豪。

孩子们拍摄的照片　　　　　　　　　　　　孩子们拍摄的照片

在下山的途中,我们在另一处树荫下休息和吃午餐。在农场和我们结识的那家人找到了我们,开始和我们攀谈起来。孩子的母亲说我看起来很放松,孩子们比别人有更多的自由。她说希望自己的女儿也能获得同样的体验。她找到了我们,而且对我们这组孩子的表现和活动的评价如此积极,这让我感到无比欣慰。

"鳟鱼"——一个关于积极学习和共同冒险的故事

上周,孩子们在露营时的表现给了我莫大的勇气。接下来,这一周孩子们恰巧对鱼特别感兴趣。内特最近去东海岸探亲的时候钓到了一条鳗鱼。他记得,去年夏天在公园的小溪边有一块画着鳟鱼的告示牌。于是在这周早些时候,孩子们决定去钓鱼,并且希望能钓到一条鱼。在为远足做准备的过程中,小组中的许多孩子在营地附近的烧烤区尝试自己生火。

我最近买了一套户外生火用具。许多孩子都能打出火花,并收集能够引燃的干树枝和木柴。所有在烧烤区里忙活的孩子都脱下了帽子和外套,因为我一开始担心这些东西容易着火。在学习如何使用生火用具时,孩子们能够很好地自我调节,不仅腾出地方给试图生火的小伙伴,还能轮流生火。使用这个工具并不是件容易的事情,但我还是想看看孩子们是否能坚持。当大多数人都只能打出小小的火花时,团队中的两个孩子居然生起了一团小小的火苗,只是没人能够让火一直燃下去。当看到孩子们使用工具时遇到的困难,以及他们如何通过给彼此足够的空间并且在烧烤区周围表现淡定来保证自己的安全时,我觉得活动可以继续下去。我对整个团队的安全更有信心。第二天,凯文从家里带来一根火柴。这是他和我在夏令营一起度过的第三个夏天,我跟他和他的奶奶都很熟悉。因为我们建立了信任关系,他的奶奶告诉他把火柴放在口袋里,等我们准备好的时候再用。事实上,他做到了。

孩子们进行了热烈的讨论,计划如何去小溪附近,钓鱼,返回营地,做饭,并弄清楚如何分享一条鳟鱼,以便每个人都能尝到一点。我随身带了一本《跟着劳斯游内华达山脉》(*The Laws Field Guide to the Sierra Nevada*,Laws,2007),孩子们可以自己翻阅。他们看着书中的插图,确信我们要钓的肯定是虹鳟鱼。我们前往的地点是一个自然资源保护区,所以到达小溪边的时候大家要小心翼翼地保持安静,待在岩石上,并小心不要踩到任何泥土。如果孩子们不小心,不管是无意的还是有意的,他们将不得不离开脚下的区域。内特从家里带来了他自制的钓鱼竿,它由一根竹竿、绳子和一个绑在末端的乐高积木组成。大家轮流使用这个钓鱼竿,但也有孩子小心翼翼地

自制钓鱼竿

垂钓

把棍子举到水面上，有的用双手捧，有的用帽子当渔网。当轮到凯文使用钓鱼竿时，他把黑莓树带刺的枝条绑在乐高积木上做钩子，并在钩子上穿了一条小虫子来提高自己捉到鱼的概率。

作为团队中年长的成员，我不断鼓励孩子们不找到鳟鱼不罢休。当大家都安静下来的时候，一群鳟鱼居然出现了！几十条小鱼，每条大约3.8厘米长。太神奇了！我提议要不要抓一条鱼，然后大伙分着吃。利娅说："大的鱼肉更多。"一个多小时后，我们依然双手空空，可是已经到了去野餐地点吃午饭和摘黑莓的时候了。接着，我们回到以往的集合地点。快要到家长们来接孩子的时间了，凯文想用他的火柴生火。基于我们三个夏天建立起来的信任关系、他值得信赖的个性以及他以前的野外生火经验，我知道他可以安全、成功地生起火。孩子们将收集到的助燃物和枯树枝放到一起，凯文把它们小心地放在火槽里，那是唯一被指定可以生火的安全区域。我们欢呼雀跃，因为凯文用那唯一的一根火柴点着了火。

完成野外生火任务以后，我们从洗手间里接了大量的水把火浇灭，确保没有留下任何带有温度的残留物，因为加利福尼亚州特别容易发生森林大火。大家决定第二天去烧烤。

野外生火的活动简直太有趣了，所有的孩子都和家人分享自己的经历。内特让父亲给他包好一串鸡肉，他把它放在冰袋里。凯夫的奶奶给了他一盒火柴。谁准备好了，谁就有机会尝试把火点燃。对火非常害怕的孩子在尝试点火之前观察得更久了，有的孩子干脆不点火，而是收集周围干枯的树枝和木头让火持续燃烧。由于凯文参加过夏令营并且有过和家人一起露营的经历，只有他成功地让火燃烧起来。我们从午餐盒里拿出准备好的鸡肉串和其他食物。因为火很烫，孩子们似乎天生就知道离火槽多远才能确保自己安全，用树枝把食物放在烤架上的动作要快，以及清楚该找谁来帮他们做这些事。当发现烧烤水果无比美味时，我们感到非常惊喜！苹果尝起来就像苹果派，桃子的味道更是美味极了。

在孩子们生的火上放着大家一起享用的美食

孩子们决定通过举行烧烤餐会来结束完美的一周，而且这个餐会完全由孩子们自己筹划和准备。他们很好地向家长宣传了这个活动，所以我没有必要再亲自制订和传达这些计划。孩子们的表现让我再一次感受到，他们似乎不那么需要我这位年长伙伴的帮忙了。

凯文把我们的计划告诉了他的奶奶，并且自告奋勇在周末庆祝活动前提早到达把火点燃。每个孩子都请家长帮他们准备带到营地的食物。我们的正餐包括鳟鱼、热狗和香肠，还有配菜和点心。8岁的凯文担任组长和组织者，孩子们把一切都做得完美极了！我唯一的贡献就是把锡箔放在烤架上，因为鱼在高温炙烤下开始裂开。鱼烤好以后，凯文还把鱼刺挑了出来，他把鱼肉从鱼刺上拔下来，把美味的肉放在一个大浅盘上，这样每个人都能更容易地吃到。内特尝了尝鱼的眼睛，它已经变白了。凯文说他经常吃鱼头，包括鱼眼，他觉得鱼眼很好吃。尽管如此，当内特品尝到鱼眼的独特口感时，他的脸色从喜悦变成了厌恶，但他还是坚持吃掉了鱼的两只眼睛，并向身边好奇的朋友们介绍这种感觉，因为我们谁也没有尝过。

小厨师们

在拥有了这些经验之后，我终于完全有信心不再依赖设计好的课程，而是迎接以儿童为主导的学习所创造的契机和惊喜。在那几个星期里，我们的活动异常丰富。我为孩子们的创造力和开放的心态喝彩，也感谢家长们对活动的支持和鼓励。活动接近尾声时，孩子们兴奋地向家人讲述自己的经历，并与家人一起享用美食，他们的声音和脸上都洋溢着喜悦与自由的感觉。

结语和展望未来

这些非正式的教学方法让我真正理解了户外教学不可低估的一个方面：

教师必须对计划和课程享有绝对的自主权（Lytle，2012）。自由时间的本质是有机的和流动的，教育者需要有足够的意识、知识和灵活性来应对任何时刻的需要。致力于为团队中的每个成员提供最好的教育是户外教育者的共同目标（MacEachren，2013）。在儿童发展方面，许多研究报道了森林学校对儿童身体健康的好处（Fjørtoft，2001）。但是，森林学校对儿童社会和情感发展的影响还需要进行长期的同行评议研究。

刚开始做研究时，我想知道每个孩子对什么事物感兴趣，以及一群孩子会对什么事物感兴趣，他们是否会形成不同的小组，是否会选择参与有潜在危险的活动。我把自己的担忧说了出来，努力与孩子们建立关系，这样我们就可以学会信任彼此。在开展这项工作时，我和孩子们都有点忐忑，我们不断提升尝试新鲜事物的勇气，并且从那些让我们感到不安的活动中得到锻炼。我对自己的能力越来越有信心，对孩子们的能力也越来越有信心。我现在更加确信，孩子们知道什么对自己最好，并且可以从朋友、教师以及自然伙伴那里寻求支持。最后，我们所有人都庆祝了这些活动，包括孩子的家长和途中遇到的陌生人，这进一步证明了这种探索的合理性。通过记录与反思活动的过程和我自己的成长，我也越来越了解自己。我觉得，我可以作为与孩子们平等的伙伴一起前进。

我采用了基于探究的方法，因为我很好奇如何在开放、无结构的环境中处理自己和他人的强烈感受。通过我提供的物理空间和情感空间，孩子们带领我和他们一起获得难忘的、独立的经历。通过查阅文献，我发现我的研究与别人的研究有许多共通之处，远比我意识到的要多得多，发现其他森林学校的教学方法与我自己的实践是一致的（Forest School Canada，2014；Fritz & Sobel，2016；Warden，2010）。现在，我觉得自己与班级的孩子们以及与更广阔的社区之间的联系更紧密了。我希望我的故事能鼓舞其他人，让他们愿意为自己所照顾的孩子提供更多的决策机会和冒险机会，并且相信这才是正确的学习方式，我希望在我的鼓舞下，他们愿意面对类似的挑战和感受，并开展研究。

拥有类似感受的孩子也会尝试新事物。我希望所有的孩子都能拥有类似的冒险经历，相信他们能够离开成人的直接关注。这些经历会一直储存在他们的大脑中，也会一直铭记在他们的心中。当孩子们尝试、学习和运用新技能时，他们的脸上、家长的脸上，还有路人的脸上露出的表情简直太迷人了。这就是自由的感觉。

第 13 章

研究自然

工具栏 13.1　科学与自然核心要素

- 通过反复绘制草图,研究树木的形态、功能以及随时间的变化
- 在小花园或种植园中探索生物(昆虫、蜘蛛、植物)之间相互依存的关系
- 通过在同一个地方(种植园或小花园)的反复体验和记录,建构深层次的理解和联系
- 用绘画支持科学概念和科学语言的发展

工具栏 13.2　探究的核心要素

- 将自然日志作为观察记录和数据收集的一种方式
- 将叙事探究作为一种工具,捕捉儿童在探索自然以及与自然世界建立联系时的故事和经历
- 减少直接教学,鼓励儿童主动探索,发现问题和形成自己的想法
- 通过分析照片、观察日志和观察记录来研究儿童在大自然中的经历

来自童年时的美好回忆：

"灯笼海棠、杜鹃花、玫瑰天竺葵，特别是旱金莲"，它们有着耀眼的橙黄色花朵和隐藏的香甜花蜜（我们十分幸运，因为我们知道花蜜藏在哪里），母亲那富有磁性的声音仍然萦绕在我的耳边，因为母亲总是兴致勃勃地告诉我们当地的花花草草叫什么名字。当我们还是孩子的时候，就已经将这些名字牢记在心，因为每当我们在她和纽特爷爷打理过的院子里玩耍时，每当全家人到金门公园野餐时，不管我们看到什么植物，母亲总能说出它们的名字，还和我们分享她照料某一种植物的经验。在小区里散步时，当地所有植物的名字我们都能叫出来，尽管母亲讲故事时我们从来都只听一半。今天，当我和自己的孩子在小区里散步时，我听到自己低沉的声音依次说出那些熟悉的名字："三色紫罗兰、金鱼草、杜鹃花和金盏花。"

在记事之前，我最喜欢做的一件事就是和妹妹一起在院子里玩，探索院子里的小花园真令人着迷。我们观察植物生长，讲故事，挖泥土，总是能找到又矮又胖的小虫子，尽情享受着前所未有的、美好的自由和归属感。时间仿佛静止了。成为母亲之后，我想给孩子们同样的自由体验，所以即使没有院子，我每天仍会带孩子们出去散步。新鲜的空气和变换的风景使我们的身心重新充满能量与活力。孩子们现在都已成年，但我们仍然喜欢一起散步。所以，在这样的探索过程中，请记住，身处大自然是非常必要的，能使内心感到平静，有益于身心健康。

背 景 介 绍

我是一名有着18年教龄的幼儿园老师，热衷于幼儿教育事业，希望帮助孩子们在游戏中学习。在课堂上教了15年之后，我回到旧金山州立大学（San Francisco State University）攻读教育学硕士学位，这让我的教学实践重新焕发了活力。我立刻被叙事探究这一教师研究工具吸引，想和孩子们一起学习撰写种植园观察日志。我希望大自然中的体验能给孩子们提供一个真正的理由去写作，因为我所接受的教育和自身的经验告诉我，动手操作与自由探索是学习和培养读写能力的前提。但我也想知道"该如何付诸实践？"。本章围绕儿童在户外学习的效果会更好这一假设进行讨论，并记录了我作为教师开展的行动研究。

我从约翰·缪尔·劳斯（John Muir Laws）的演讲中受到启发，决定让孩子们尝试使用自然日志。劳斯将自己毕生的工作角色描述为户外运动者、艺术家、教育家和加利福尼亚州自然学家。他热衷于带孩子们到户外，教他们近距离观察自然世界，他将这个过程描述为"真正爱上大自然"。他教孩子们一些实用的、具体的绘画技巧，提升他们的科学记录能力。让我印象最为深刻的是，他承认学生时期，他是"老师最可怕的噩梦"。他讨厌坐着不动，读书写字也很吃力。然而，劳斯（2016）表示，他可以在户外坐着连续观察好几小时，因为他非常专注，非常好奇，他的感官非常愉悦。他在自然日志上写下简短的描述和要点，这是一项简单、可行甚至可以说令人愉快的任务。

人们从事写作和艺术创作最古老的原因之一就是自然日志。作者在一个空白的本子上用图文并茂的形式记录自己的所见、所闻、所感。写自然日志的目的通常是科学探究，如准确地获得日期、时间、温度、大小、颜色、线条和形式等细节。但自然日志也可以捕捉个人的印象、感受、诗歌创作或抽象的艺术作品，还可以记录某人到访某地的体验，可以作为一种向导（Laws & Breunig，2010）。自幼儿园创建以来，早期儿童教育者就把自然探索作为学习和读写的来源。

在丹尼尔·R.迈耶的"叙事回忆"这门课上，我亲身体验了在户外写自然日志的力量。每周，我们都会到户外，坐在自己最喜欢的自然环境中写作和反思。这迫使我打破常规，静静地凝视教师休息室小院子里的那棵木兰树，一边呼吸着新鲜的空气，一边为自己的乐趣和目的而写作。平和的节奏让我变得脚踏实地，冷静下来，在这个过程中找到属于自己的写作论调。这种感觉非常自在。

为了给孩子们创造同样的自然日志撰写体验，我采用了叙事探究的方法。叙事探究是教师探索研究问题的一种方法，可以是教学实践中感到困惑的问题。比起提出一个可能包含解决方案或答案的研究问题，"叙事探究更像是研究，'反复研究'和再研究"（Clandinin，2000，p. 124）。叙事探究要求教师探索自身与孩子们之间的关系和对话，同时承认校外生活同样丰富多彩。数据可以来源于现场的文本资料，如口述故事、日志、采访、儿童作品以及照片，这些都可以帮助我们更好地了解师幼紧密联系在一起时的课堂体验（Clandinin，2013；Edwards，Gandini，& Forman，1993；Sisk-Hilton & Meier，2017）。

当我想知道每周的户外写作时间对刚学写字的孩子们产生什么影响时，我提出以下问题：

- 身处户外能让孩子们更长时间地专注于写作吗？（地方感和归属感）
- 身处花园会促使孩子们产生有趣的个人故事吗？（故事感）
- 写自然日志能帮助孩子们提高读写能力吗？（真正的读写）

我收集了以下数据：孩子们的作品样本、孩子们的口述内容、我自己的反思日志，以及孩子们在户外写作时的照片。当我思考自己到底想从这些数据中捕捉"什么"时，我很兴奋地采用叙事探究的方法来探索孩子们的故事。正如西斯克-希尔顿和迈耶（2017）所说：

> 当我们试图理解儿童和教师的故事时，我们会放慢脚步去尝试修复这些故事。有时候这种转变，从故事修复者到故事讲述者的转变，让我们看待标准的方式，以及我们与儿童的互动方式都焕然一新。

所以，我给孩子们充足的时间体验大自然，在这种体验的基础上创造真实的写作契机，以此培养孩子们的耐力，发展其精细动作能力和读写能力。此外，我也想留出一些时间让孩子们听听自己的故事，还想制造机会让孩子们建立良好的人际关系和体验快乐。

自然日志项目

我把孩子们从班里带出来,到幼儿园的小花园里,开展每周一次45分钟的语言活动。孩子们拿着纸,一支黑笔和一个小画板。我们从研究树木开始,这是科学探究的主题之一,教学活动受到加利福尼亚州本土植物协会(California Native Plant Society)的课程启发。在每节课的导入环节,我给孩子们上一节绘画的"微课",示范如何仔细观察一棵树,并将树的形状一点一点按比例分解成线和面。我一边画画,一边补充一个关于自己的小故事,回顾以前写自然日志时内心充满好奇与平静的感觉。我和孩子们一起写自然日志,同时教他们绘画。我想尽量减少直接教学,让孩子们拥有更多开放、平和、自然的体验。

最初,我只打算开展2个月的自然日志活动,但它太吸引人了,在这一年余下的时间里我继续把自然作为跳板开展语言活动。我把教学活动的重点转移到了探索花、蔬菜、昆虫、鸟类甚至云朵。我们到当地的海岸线和植物园进行实地考察,带着纸和铅笔进行实时写生。我学会了在日志中反思,聆听孩子们的故事,记录孩子们的对话,拍摄活动过程的照片,以及仔细阅读孩子们的自然日志。作为一名教师,我对使用这些叙事探究工具来捕捉和反思户外体验所展现出的可能性而感到惊讶。对教师和儿童来说,户外活动似乎有一种协同作用,可以带来更多的乐趣、理解和更深的联系。为了呈现我的一些"顿悟"时刻,以及进一步阐述研究中的主题,我将重点介绍我们在小花园里探究树木的那些早春的日子。

地方感和归属感

从一开始,把日常教学活动搬到户外对班级的孩子们来说既有趣又令人感到兴奋。第一天，他们就问："我们什么时候能出去，沃尔什老师？"当孩子们开始围着一棵树作画时，我可以看出他们很专注，不仅绘画的时间长了，他们还增加了一些精心设计的细节。这与一项研究不谋而合，该研究发现户外活动可能有助于孩子放松并且清晰地思考（Torquati, Gabriel, Jones-Branch, & Leeper-Miller, 2010）。

受到沙古里和鲍尔（Shagoury & Power, 2012）的启发，我用记笔记的方式将注意力集中在体验上。教师日志帮助我详细而深刻地铭记这段经历。以下是我日志的节选：

> 孩子们分散开来，但他们没有互相干扰！户外空间能让每个孩子找到令自己舒服的姿势，我看到他们表现惬意，身体都很放松。这太棒了！而且一点声音都没有，大家都很安静。每个人都在做自己的事情。以前，在小花园里，孩子们总是有点过于活跃和调皮。我经常用"老师的口吻"提醒他们守规矩，"这样做！"或者"不许那样做！"但是今天没有。今天的气氛非常平和。马修给我讲他奶奶家院子里的苹果树，特蕾莎告诉我她在花园里帮妈妈种西红柿。啊！关于花园可以说的内容简直太多了！总之，孩子们画得很细致，而且没有跑题。今天的感觉与众不同。

转移关注重点的另一种方式是在写自然日志时有意地插入一些照片。这些在花园里拍摄的照片成为分析自然日志时的有力工具，让我能够集中精力思考教学活动中发生的事情，即使是在短短的1小时内。通过拍摄全景或者特写镜头来捕捉正在发生的事情既有趣又具有挑战性。每个镜头的角度都略有不同：有整个班级的活动，也有某个儿童安静、充满好奇的思考。马克和盖比的照片捕捉到了孩子们在户外写生时平静的心情，他们显然是全神贯注的。活动结束之后再翻阅这些照片能让我清晰并带着情感地回忆那天发生的事情，我们所做的事情。我们与儿童一起探索周围的世界，标记我们在其中的位置，并形成归属感。

马克在花园里惬意地写生

盖比在花园里惬意地写生

这让我想起约翰·穆尔·劳斯曾说过，孩子们能够"爱上大自然"。爱上一件事物需要花很长时间，我注意到在花园里，孩子们并没有感觉无聊、焦躁不安，也没有问他们什么时候要"做完"，因为他们在教室里面对可预测的任务时经常这样问。在户外，孩子们的学习更聚焦、专注，他们的自然观察和记录更像是精雕细琢。他们探索周围的环境，像科学家一样，还互相传授知识。这些变化也证明了户外活动的力量，给我们的身心带来了与众不同的体验。玛蒂和埃玛在花园里的照片捕捉到了一种平静的好奇和情感，这正是研究所揭示的户外活动的潜力。

玛蒂正在花园里闻花香

埃玛正在花园里触摸一株植物

地方教育强调儿童的知识要基于实际的动手操作经验,以确保知识不仅仅是抽象的。探究一个人生长的地方可以让其与这个地方重新建立联系,形成对所在社区和物理场所的归属感和关爱之心,进而形成家园的感觉。奥尔(Orr,2013)将这个过程描述为,想要成为一个好居民,就要能够很好地了解、观察、照料自己所处的地方并且扎根在这个地方。花园里宁静的时光能帮助孩子们以一种更亲密的方式建立关于幼儿园的独特记忆,让他们形成一种更深厚的归属感和关怀感。这项工作也提升了幼儿园共同体的价值,我们希望孩子们在幼儿园里就像在家里一样,像爱护和照顾自己的家一样爱护和照顾幼儿园。

在花园里工作也让我有机会尝试放下直接教学,让孩子们以更自然的方式展开创作。我在日志上认真记录,倾听孩子们的对话,回答孩子们的问题。在户外度过的时光更像是自由活动的时光,而不是一节教学活动。在花园里,我逐渐放弃在课堂上孩子们必须"坐着不动"的观念,所以我允许孩子们四处走动,寻找他们感觉舒适的空间和身体姿势。我认为,户外活动时的身体灵活性，而不是教室座位安排的固定性，在很大程度上促使孩子们能够专注于日志记录。

故 事 感

儿童通过故事理解世界。5 岁儿童的口头表达能力比写作能力强，所以教师必须集中注意力，认真倾听，才能发现儿童丰富多彩的真实生活和想象世界。倾听和记录儿童游戏时发生的故事可以帮助教师深入了解儿童的思维和特点，并向儿童表明他们所说的内容是有价值的（Paley，2012）。当儿童有足够的时间与一位经验丰富并且饶有兴趣的成人叙述自己的经历时，儿童的思维能力会有所提高，想法会更加完善，记忆会更加丰富和深刻（Edwards，Gandini，& Forman，1993；Engel，1995；Vygotsky，1978）。

西斯克－希尔顿（2013）讲述了一群儿童去海边远足的故事，从寻找丢失的水桶到一起堆沙堡，再到向儿童展示复杂的科学实验。教师们的提问引发了儿童的兴趣，比如"我想知道……"以及"如果……会发生什么？"，他注意到这些儿童还没有学会等待教师给出正确答案。事实上，最好让儿童从长时间的游戏中发展对科学的理解。西斯克－希尔顿说："儿童在假想世界和现实世界中进进出出，一会儿假装和仙女们一起冒险，一会儿检查他们可能要居住的树桩。我们无须阻止这种想象和直接观察的混合。"因为儿童在游戏时会产生一些"大概念"。在自然空间中游戏可以帮助儿童形成对世界的理解。

花园是所有这些故事的天然源泉；口述、摄影和教师日志等叙事探究技巧的完美结合，将我的注意力吸引到儿童的故事上。仔细倾听改变了我对"所有谈话"的看法。我试着在儿童与同伴对话时在他们身边来回踱步，当儿童想和我交谈时，我就认真倾听。儿童把他们在花园里的所见所闻、发生在花园里的假想故事或者他们的疑惑与同伴和我一起分享。通过叙事性探究教学实践，我有了倾听儿童的时间。

我听过的其中一个故事是一个名叫萨莉的5岁儿童讲给我的。萨莉的故事说明,幼儿园的书面记录单只是一个更大的故事的一部分。纸张提供了一个记录的载体,一个记忆的载体。虽然萨莉的画看上去十分简单,但她有很多话要说:"苹果长在小树上,树上有一些花;花里面有一些东西,那是一只小蜘蛛,它在到处爬。"与萨莉的交谈以及发掘她的绘画作品中隐藏的内容使我明白,让儿童详细阐述自己的发现,并尊重他们的故事感是很重要的。

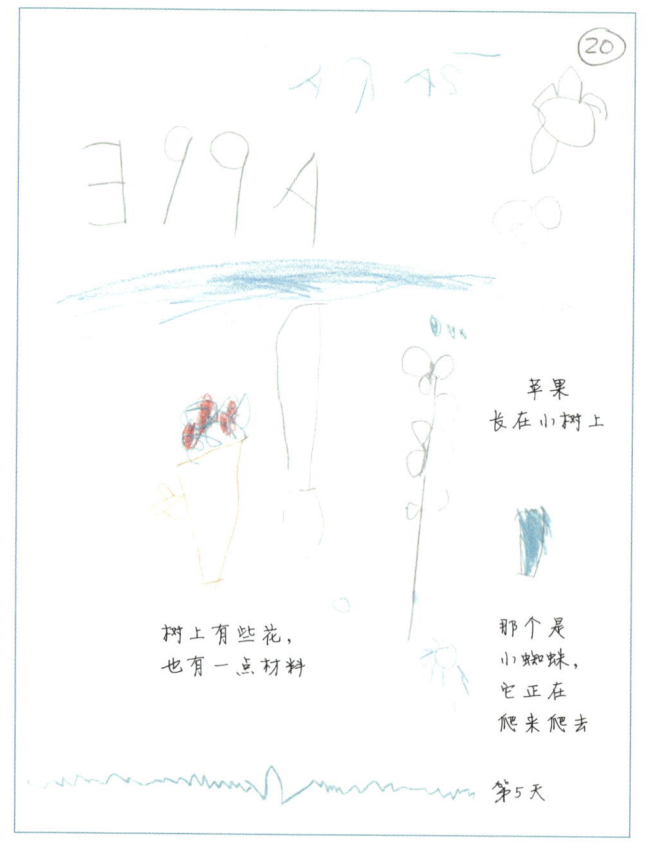

萨莉画的苹果树,画旁是她的口述内容

我很幸运地拍到了一张照片,就在萨莉发现蜘蛛的那一刻,它帮助我铭记这真实而又耗时的学习故事撰写工作。在故事叙述者正式开始之前,他们必须认真观察、思考故事的进展,并置身于故事之中。在照片中,萨莉和两个好朋友正在讨论树上的小苹果,观察蜘蛛的活动轨迹。穿着黄色上衣的萨莉正在从这段经历中寻找意义。我记得她告诉大家蜘蛛的栖息地在哪里,并试图说服大家同意她的观点。萨莉在想象蜘蛛的生活，并与同伴共同构建蜘蛛的故事。像"沙滩"故事一样，萨莉的蜘蛛故事说明了儿童是如何通过想象和科学思维来学习建构对世界的理解的。女孩们花了很长时间研究那棵树，并向班上的许多儿童展示那只蜘蛛。这棵树后来成为她们的树，那天她们都成了专家。

三个小女孩一边观察苹果树一边讨论着蜘蛛

另一个小女孩艾丽，刚学英语，她在幼儿园里一直都很安静、害羞，说话时也总是小心翼翼的。她画了一棵令人惊叹的树，涂上了漂亮的颜色，当我询问她一些关于画的问题时，她居然跟我说起话来。艾丽指着画对我说："花、叶子、树干、蝴蝶。"这是我一年来听她说过的最复杂的一句话了。我觉得花园里的经历和眼前的这幅画给了艾丽一个具体的参照物，让她用语言表达她认为重要的东西。她想给我讲这个故事，从她的眼神中，我能看出她的故事跟萨莉的故事一样精彩。虽然艾丽的英语水平有限,但我能感觉到她的热情和决心。我非常重视她的故事,给了她积极热情的鼓励,不断地重复她的话,还问她:"你看见一只蝴蝶了吗?""只开了一小朵花吗?"我相信倾听艾丽的苹果树故事能加深我们之间的关系。她看上去很自豪,也很高兴和我分享她对苹果树的认识。我觉得她是鼓起了莫大的勇气才说出自己的想法,我很感激她对我的信任。

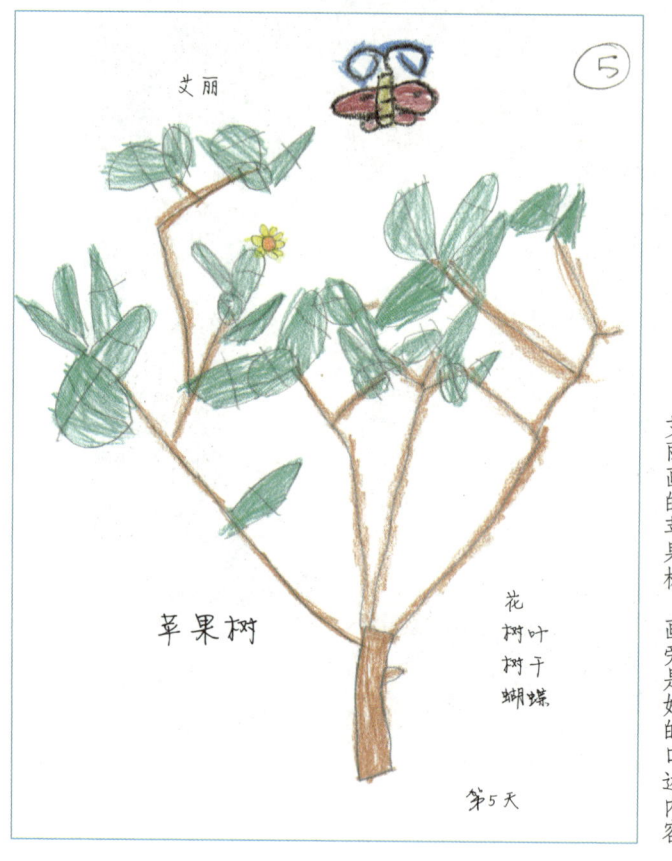

艾丽画的苹果树,画旁是她的口述内容

这些故事再次证实了研究的发现,当教师将注意力转向倾听儿童的故事时,他们会更加适应在教室内外与儿童之间的关系,因为倾听儿童的故事不仅加深了教师与儿童之间的人际关系,也加深了教师对儿童的理解,以及教师对自己的认识(Sisk-Hilton & Meier,2016)。克兰迪宁(Clandinin,2013)认为,探究开始于教师和儿童之间的持续对话,因为"对话创建了一个空间,在这个空间里,参与者和研究者可以共同创作与聆听彼此的故事"(p.45),当我们和儿童共同生活时,我们就会成为我们和他们共同讲述的故事的一部分。我从那天的日志中看到了这种联系。

> 这一天真是太棒了。孩子们讨论了许多,他们讲了许多故事,还有许多新的发现,那棵小小的苹果树上竟然长出了苹果,孩子们尤其对那些爬来爬去的小昆虫着迷,有蚂蚁、蜘蛛、蝴蝶和蜜蜂。他们滔滔不绝地聊着,我试着倾听,试着享受这段经历。这真是美好的一天。
>
> 杰奎琳走到我身边,把她的小手伸到我的手里。我们就这样手拉着手,她在我身边安静地走着。也许是她的敞开心扉与信任,也许是我们走在一起时自由自在的感觉,忽然让我想起孩提时我也曾牵着母亲的手走在她的身旁,后来儿女们学走路时我牵着他们的小手,再后来儿女们都长大成人我还是牵着他们的手。此时此刻的我内心充满感激,感谢那只握住我的小手。我时刻提醒自己,这些幼儿园的孩子有多小,他们每天离开父母的时间有多长。我把这种同情心和同理心珍藏在心里。放慢脚步,和孩子们手牵着手,一起走走,这种感觉真好。

当我回到教室翻阅孩子们的日志时,我意识到自己作为教师开展的行动研究提供了非常丰富的数据,这些数据让我对儿童、自己以及我们的故事有了更深层次的理解与欣赏。

真正的读写

自然日志在许多方面能促进儿童读写能力的发展。在幼儿园,孩子们开始认识到书面语的含义,并开始把自己当成作者。因为孩子们在掌握正确的字母结构之前已经掌握了绘画,所以绘制草图是一个很好的写作切入点。自然日志的一个重要组成部分是准确地传达信息,没有关于"正确性"的价值判断,因此教师给予的反馈要基于儿童的自身优势(Hobart,2005;Miller,2007)。如果一名儿童描述自己的画为"低矮的苹果树上有一只小蜘蛛",使用线条和圆圈画的，这就是一个很好的日志内容，因为他记录了故事，知道自己的书写是有含义的，由此产生了一种创作感。我称赞他，欣赏他的观察能力和丰富的细节。作为教师，我们应该不断地给儿童积极的反馈。如果儿童受到鼓舞，他们就会继续努力。重复的实践，学习教师和同伴的日志，以及进一步的集体讨论，将帮助儿童自然地过渡到更复杂的绘画和写作阶段（Laws & Breunig，2010）。

一朵玉兰花，孩子们绘画的灵感来源

写自然日志的经历让孩子们有机会体验阅读和写作的乐趣与目的，并把自己视为作者。为了给传统意义上还不会"写字"的五六岁儿童讲解什么是写作，我把"作家"定义为一个有故事要讲的人，用绘画、写作和口述相结合的方式在纸上把故事写下来。在孩子们的自然日志中，他们用作家在现实世界中的方式进行写作。在花园里写作意味着孩子们可以首先探索和观察，这种直接的体验为写作提供了丰富的意义和灵感。他们绘制了详细的草图，讲述了丰富的故事，还写了一些东西。他们的绘画方式给我留下了深刻的印象，在花园里写作比我们平时在室内写作更吸引人。

下面两幅分别来自马克和埃玛的绘画，再次证明孩子们的自然经历为创作提供了富有意义的灵感。那天，我们一起走到院子里去看玉兰树。在有关绘画技巧的微课上，我向孩子们示范如何标记出树的各个部位，并让孩子们试着跟我一起做，同时大声地拼出单词 tree（树）、leaves（叶子）、blossoms（花朵）和 trunk（树干）。他们的玉兰树上画满了盛开的美丽的粉红色花瓣。尽管每幅画风格迥异，但他们都画出了开满花的玉兰树，还有散落在地上的花瓣。每个孩子都用自己独特的方式给自己画的树做标记。马克把单词写在树枝上和树枝之间，而埃玛把单词按照顺序列了出来。我喜欢孩子们按照自己的想法进行自由创作，而且两篇日志都实现了传达意义的目的。

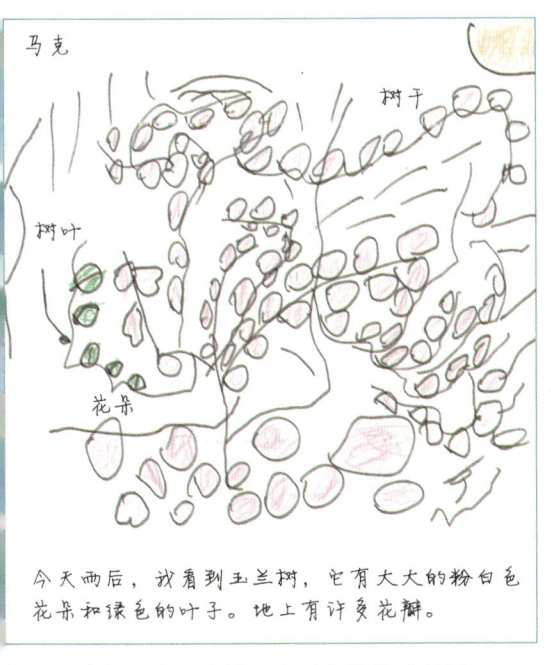

马克画的玉兰树，上面有他做的标记

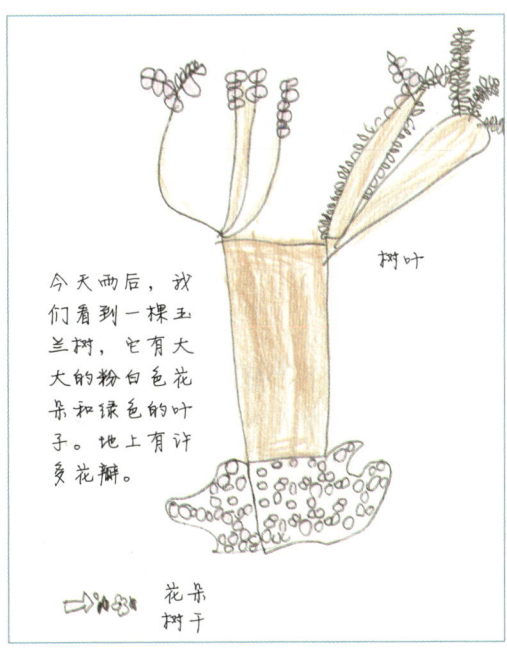

埃玛画的玉兰树，上面有她做的标记

在日志里，我关注到马克在院子里绘画时的场景：

雨后，见到玉兰树还有散落在地上的花瓣，真是太美好了。孩子们非常想摸一摸那些花瓣，和花瓣一起做游戏，把花瓣收集起来。粉白色的花瓣软软的，潮潮的。我让孩子们拿些花瓣在手里，直到我们不得不离开院子。离开这里真是太遗憾了，如此美好的一天，而且雨停了。啊，春天真美！马克拿着铅笔对着那棵树，开始画画，接着又抬头看了看，好像是在打量那棵树，他的样子就像一位画家。他竟如此完整地记录了这棵树的丰盈。他的日志上满是玉兰花，他把这棵树画得惟妙惟肖。他真是个想象力丰富的小家伙。明年这个时候，我会想念他的微笑和他机智的笑话。当老师真是一件喜乐参半的事！我们总是不断地认识新的儿童，拥抱他们，然后又不得不让他们离开。

埃玛的日志意味深长，记录了非常多的细节，她一定非常专注和兴奋地记录着自己所看到的一切，她画的树比例很好看，一个粗壮的树干，还有数不清的叶子和花朵。她说："我看到这棵树的树干有点粗，它的叶子很小，树枝又细又长。花儿是粉红色的。"尽管我们一眼就能看出埃玛的艺术天赋，但重要的是请记住，所有这些图片都包含了关于这棵树的大量信息。

每节活动结束时，孩子们总是很兴奋地给我看他们的日志。随着时间的推移，每个儿童的自然日志都写满了各种各样的内容，我还注意到，孩子们喜欢回过头来阅读之前写的内容，回顾自己的故事。通过回顾自己的教育实践，我意识到工作的重点在于让儿童掌握仔细观察和描绘细节的技巧。回想起来，儿童语言的发展更多源自我们之间的对话和书写口述内容，而不是儿童自己书写单词。我决定不强调儿童练习书写或拼写字母的技能，因为倾听儿童的故事和记录儿童的口述内容是充满乐趣的事情。儿童的反应证实了利用自然作为语言学习的跳板是成功的。儿童为他们的花园日志感到骄傲，他们把自己视为有能力的作者。

最后的思考

一天早晨，我步行去学校，又一次注意到许多孩子在花园里。这些5—11岁的孩子在树林和灌木丛中跑来跑去，全神贯注地游戏。时间还早，距离上课还有20分钟。当我看着他们游戏时，我意识到花园日志项目丰富了我对花园这个地方的独特记忆。我对这里以及在这里游戏的孩子们有了更深层次的欣赏和归属感。当我发现上个月的喂鸟器（松果）仍然挂在银杏树上时，当我在苹果树旁寻找小蜘蛛回忆起我和孩子们共同的故事时，当我看到那棵唯一的玉兰树长出了绿叶，最后一朵粉红色的花朵已经凋零时，我想起了季节的更替。我希望花园能继续成为孩子们在校园中成长的一个有趣的地方和庇护所，希望他们即使到了五年级还会继续爱护这个花园。当然，我也希望青少年和成人能够继续走到户外，享受大自然带来的灵感。

我非常享受自然日志项目的整个过程。通过扩充教学资源，我恢复了活力，通过定期开展活动，我建立了新的肌肉记忆。我带孩子们到户外去写作，定期在教师日志中写些东西，每周拍摄一些活动照片，记录孩子们的口述内容。实践中的每一个环节都产生了有趣的结果，所有的环节整合起来为我们所有人创造了一个动态的并且令人兴奋的学习环境。这个项目帮助我更多地了解儿童以及他们感兴趣的事物。当我仔细地倾听他们的故事时，我能更好地了解每一名儿童，并且把他们牢记在我的脑海里、我的心里。我期待未来能继续叙事探究之旅，也鼓励所有教师在教学中尝试这些方法。

这个项目给我带来了一个完整的循环，因为它帮助我回忆起孩提时代的自己是什么样子的。带着孩子们在花园里的时候，我时常思考如何才能将每天的教学实践与我心灵最深的愿望更紧密地联系在一起。整个项目立足于当地的自然环境，这为我和孩子们带来了许多灵感和喜悦。每当和孩子们一起走到户外，我便感到精神焕发。当我翻阅整个项目的记录资料时，我发现叙事探究式教学实践再一次让我看到自己是如何重视儿童，如何将他们放在注意力和教学的中心的。这个项目让我想起了瑞吉欧·艾米莉亚幼儿园的教师们,他们为孩子写日记,通过让孩子意识到自己是"爱的主体"(Edwards & Rinaldi,2009),让孩子们感受到教育实践的初心。

对叙事探究和自然日志的尝试也拓展了我作为一名教师的身份。我很感谢这个学习机会,让我通过自然日志项目研究和反思自身的教学实践,现在对于教师研究者这个新身份,我感觉更自如了。在幼儿园班级和教研团队中,重新定义自己的身份是一段美妙的旅程。我很兴奋明年又将开始一个新的研究项目,我想知道它会给我带来什么样的体验。

后记

就在这本书即将出版时，几家新闻媒体报道了一项研究，研究人员似乎量化了人们应该在大自然中度过的理想时间（Sheik，2019；White, Alcock, Grellier, Wheeler, Hartig, Warber, & Fleming, 2019）。当我（斯蒂芬妮）读到该研究的重要发现，即每周120分钟的户外活动能让大自然给人类带来最大化的好处时，我能想象健身追踪器很快就会升级为在步数、脉搏和睡眠时间之外计算人们在大自然中的分钟数，并且可能涌现出全新的行业，以通过达到这个目标数字来获利。尽管我致力于自然教育，致力于在日常生活中发现大大小小的自然，但我也认为，量化我们在大自然中的时间其实是父母和教师的另一种失败。如果我们把计算在大自然中的时间作为衡量成功的标准，那么我们肯定能知道自己什么时候没有提供足够的时间，但如何知道在爬上邻居家的树和建造童话屋的30分钟里发生了哪些有趣的事呢？

在这些充斥着"更多自然"字眼的新闻媒体标题中，让我感到困扰的是对某些重要内容进行过于简单的量化，部分原因在于这些内容不容易被简化成单一的数字、策略或结果。儿童在大自然中的经历往往是强有力的，但这种力量是不容易衡量的。对希瑟·B. 泰勒班上的儿童来说，要做到既熟练又勇敢地钓鱼和生火肯定是一件很棒的事情（见第12章），克服恐惧和培养技能实际上需要大量的时间和在同一个地方的反复体验。正如贾纳·沃尔什在第13章所描述的那样，用一年反复观察一棵树可以让儿童调整自己的节奏去适应细微的变化和体会生物之间的相互依存，这些变化在偶然一次的经历中可能不会如此明显。要在大自然中学习，时间当然很重要。但是，要衡量儿童在大自然中学习的潜力，所花的时间是最粗略的衡量标准。

本书中的学习故事并没有计算出一个需要核对的总数，而是探讨了儿童在大自然中随着时间的推移所发生的学习。有时，整个世界似乎慢了下来，在其他环境中注意力转瞬即逝的儿童会花上几小时思考如何在纸质地图上描绘他们即将认识的森林。自然环境的复杂性让儿童一次又一次地重返，建构他们对于某个地点的理解以及建立与某个地点之间的联系，哪怕每一次只有一点点进展。在大自然中所花费的时间固然重要，但重要的不是时间本身，而是儿童如何利用充裕的时间建构意义。

如果时间不是衡量自然教育价值的最佳标准，那么当教师支持儿童在自然中的体验和学习时，我们如何解释儿童所获得的成长？本书中的教育者们为我们指明了方向，他们提供了丰富的教学档案，以反复体验的形式不断回溯，放慢脚步去留心关注，一遍又一遍地回到最初的想法。当年幼的科学家和艺术家们回看他们感兴趣的某个物体或生物时，他们每次都会发现一些新的事物，每次都会选择一个新的细节来进行表征和思考，孩子们的绘画变得更加细致和准确，而时间就在这一过程中体现出来。时间也体现在儿童去城市森林远足的途中，他们有时放肆奔跑，有时为真实或想象中的生物建造家园，有时静静地坐着观察，在时间和经验中形成舒适感，与一个让他们成为自己的地方建立密切联系。我们需要时间进行长达数周的对话，让孩子们沉浸在对颜色的感受和反应中，让他们思考关心生物意味着什么，如何调和受文化影响的"好""坏"观念，并逐渐认识到自然的运动和变化与人类道德不同（见第 6 章）。

正如本书中许多教育者所发现的那样，比起一大片难以进入的荒野之地，在相对狭小和可利用的自然空间里开展活动更能促进儿童的自然体验。他们找到了较短的时间和广阔的空间来支持儿童的探索。新的体验可能令人兴奋，但也会引起儿童的担心，有时甚至是恐惧，正如吉塔·杰沃登（见第 4 章）在儿童探索潮虫和其他小生物时所发现的那样。时间和专注能培养儿童的好奇心与理解能力，有时短暂的经历会为未来更复杂的长期探索奠定基础。

　　本书是教师们有关时间记录的详细汇编。他们不仅愿意关注和参与，而且愿意记录儿童如何在自然中学习、如何与大自然一起学习、如何通过大自然开展学习，这为我们提供了一系列了解儿童生活的窗口。丰富的照片、教师日志、儿童思考和想法的口述内容、对话记录以及儿童的艺术和手工作品让我们得以一窥儿童的生活，以及他们如何理解自然世界。我认为，儿童的故事和教师的故事就像弥足珍贵的礼物，提供了强有力的证据，充分说明我们为什么以及如何将大自然中的体验作为幼儿教育的基石。不是因为我们在计算时间，而是因为我们对当地自然环境的关注与对儿童在大自然中以及与大自然互动的探究，建立起了超越时间的联结。

参考文献*

前　言

Akom, A. (2011). Eco-Apartheid: Linking environmental health to educational outcomes. *Teachers College Record Volume 113*(4), 831–859.

Bowden, M. (1989). *Nature for the very young: A handbook of indoor and outdoor activities*. New York: John Wiley & Sons.

Carson, R. (1962). *Silent spring*. New York: Houghton Mifflin.

Fancher, L. (2019, July 26). Farm at the intersection of permaculture, diversity. *The Berkeley Voice*, p. A7.

Ginwright, S. (2016). *Hope and healing in urban education: How urban activists and teachers are reclaiming matters of the heart*. New York: Routledge.

Rorer, A. (2010). *Of woodland pools, spring-holes, & ditches: Excerpts from the journal of Henry David Thoreau*. Berkeley, CA: Counterpoint.

Sobel, D. (2005). *Place-based education: Connecting classrooms & communities*. Great Barrington, MA: The Orion Society.

第1章

Alberts, B. (2000). Some thoughts of a scientist on inquiry. In Minstrell, J. and van Zee, E. H. (eds.), *Inquiring into inquiry learning and teaching in science* (pp. 3–13). Washington, DC: American Association for the Advancement of Science.

Carstensen, A., Zhang, J., Heyman, G. D., Fu, G., Lee, K., & Walker, C. M. (2019). Context shapes early diversity in abstract thought. *Proceedings of the National Academy of Sciences*, 201818365.

---

* 为了环保，也为了节省您的购书开支，本书参考文献不在此一一列出。如果您需要完整的参考文献，请通过电子邮箱 1012305542@qq.com 联系下载，或者登录 www.wqedu.com 下载。您在下载中遇到问题，可拨打 010-65181109 咨询。

编者简介

艾丽西亚·阿尔瓦雷斯（Alicia Alvarez）：出生于墨西哥，从事幼儿教育工作多年，喜欢观察幼儿与大自然的互动，聆听幼儿的想法，并将观察记录整理成幼儿的学习故事与家长和同事分享。她负责撰写本书第10章的部分内容。

达西·坎贝尔（Darcy Campbell）：在美国旧金山州立大学教授幼儿教育课程近20年，为国内外家长、学校和教育机构提供儿童早期课程培训和相关咨询，同时是一所以探究式教学为特色的学校的校长。致力于反思性、回应性、合作式的教学与育儿实践。她负责撰写本书第5章的部分内容。

卡米尔·T. 邓吉（Camille T. Dungy）：美国科罗拉多州立大学教授，诗人、作家，著有多部诗集和散文集，所获得的荣誉和奖项不胜枚举，如美国图书奖、加利福尼亚州图书奖银奖等。她负责撰写本书的第3章。

伊索罗·M. 埃斯卡米拉（Isauro M. Escamilla）：幼儿园教师，美国旧金山州立大学博士，美国幼儿教育协会2016届理事会成员。认为幼儿园里的花园和基于自然的游戏活动是学前教育不可分割的一部分，提倡通过组成学习共同体来促进反思性实践，建议书写学习故事来捕捉幼儿的思想、知识、能力和情感。他负责撰写本书第10章的部分内容。

安娜·戈尔登（Anna Golden）：一所深受瑞吉欧教育理念影响的私立学校的艺术指导教师，曾多次在国内外会议上分享她的教学研究故事。她负责撰写本书的第7章。

撒哈拉·冈萨雷茨-加西亚（Sahara Gonzalez-Garcia）：出生于墨西哥，从事幼儿教育工作十多年，童年在自然中游戏的美好回忆影响了她的教育立场，坚信自然游戏不仅可以带来快乐和学习，还能抚慰心灵。同时，提倡基于日常观察撰写幼儿的学习故事，并与其他教师进行分享和交流。她负责撰写本书第 10 章的部分内容。

马蒂·格雷维特（Marty Gravett）：安娜·戈尔登的同事，所在学校的校长，从事幼儿教育工作四十多年，撰写了多篇有关幼儿教育实践的论文。她负责撰写本书的第 8 章。

凯尔茜·亨宁（Kelsey Henning）：从事幼儿教育工作十多年，曾担任多种职务，致力于帮助幼儿与自然建立深度联结，喜欢观察和研究幼儿如何发挥想象力去发现周围的世界等。她负责撰写本书第 5 章的部分内容。

吉塔·杰沃登（Gita Jayewardene）：美国旧金山州立大学早期教育专业硕士，经验丰富的幼儿教育工作者，在美国加利福尼亚大学旧金山分校附属幼儿园工作多年，聚焦于学步儿的自然教育，喜欢和学步儿一起探索城市里的自然景物。她负责撰写本书的第 4 章。

丽莲·G. 凯兹（Lilian G. Katz）：美国幼儿教育协会前主席，美国伊利诺伊大学厄巴纳-香槟分校儿童早期教育专业荣誉退休教授，学前教育领域顶级期刊《幼儿教育研究季刊》的创刊编辑。在幼儿教育、教师教育、家庭教育等领域著作颇丰，且多被译为多种语言，如《小小探索家：幼儿教育中的项目课程教学》《开启孩子的心灵世界：项目教学法》等。她负责撰写本书第 9 章的部分内容。

丹尼尔·R. 迈耶（Daniel R. Meier）：美国旧金山州立大学基础教育专业教授，研究领域为：语言与读写、叙事研究、质性研究、反思性实践、教师研究等。已出版《幼儿园档案记录与探究》（*Documentation and Inquiry in the Early Childhood Classroom*）、《幼儿园和小学中的叙事研究》（*Narrative Inquiry in Early Childhood and Elementary School*）等著作多部，发表文章多篇。他负责撰写本书的第 2 章。

让·A. 门多萨（Jean A. Mendoza）：美国伊利诺伊大学厄巴纳-香槟分

校儿童早期课程与教学专业博士,曾担任保育员、儿童和家庭教育顾问、儿童保护工作者、幼儿园教师、大学教师以及幼儿教育领域的作者和编辑,终身致力于提倡让幼儿拥有丰富的户外活动体验。她负责撰写本书第 9 章的部分内容。

斯蒂芬妮·西斯克 – 希尔顿(Stephanie Sisk-Hilton):美国旧金山州立大学基础教育专业教授,加利福尼亚大学伯克利分校认知与发展专业博士,教学和研究重点为儿童科学学习、儿童发展以及教师协作学习。已出版《幼儿园和小学中的叙事研究》等著作多部。她负责撰写本书的第 1 章。

帕特里夏·沙利文(Patricia Sullivan):儿童早期教育专业博士,资深的幼儿园教师,也是一家家庭托儿所的创始人,在幼儿探究和自然教育方面经验丰富。她负责撰写本书的第 6 章。

希瑟·B. 泰勒(Heather B. Taylor):从事幼儿教育工作十多年,一直致力于户外教育,为学前儿童开设户外教学项目。她负责撰写本书的第 12 章。

肖娜·汤普森(Shawna Thompson):终身教育者和学习者,重点研究儿童的社会交往与情绪发展之间的关系,倡导和拥护儿童的权利。她负责撰写本书第 5 章的部分内容。

贾纳·沃尔什(Jana Walsh):从事幼儿教育工作二十多年,热衷于将科学、语言和探究融入教学实践。她负责撰写本书的第 13 章。

梅布尔·扬(Mabel Young):美国加利福尼亚大学戴维斯分校儿童早期教育专业硕士,从事幼儿教育工作三十多年,乐于与幼儿一起探索户外环境中的陆地和海洋。她负责撰写本书的第 11 章。

万千教育 学前教育图书目录

书号	书名	著、译者	定价(元)
	幼儿园区域活动指导		
3055	幼儿园自主性区域活动	贾尼丝·J.贝蒂 著 邱学青 等 译	88.00
2645	幼儿园户外创造性游戏与学习（全彩）	露丝·威尔逊 著 陈欢 译	58.00
2644	幼儿园户外探索与学习（全彩）	露丝·威尔逊 著 邹海瑞 廖宁燕 等 译	48.00
1935	幼儿园户外环境创设与活动指导（全彩）	董旭花 等 著	72.00
2604	儿童视角的幼儿园班级环境创设（全彩）	桑德拉·邓肯 等 著 马燕 马希武 译	62.00
2598	幼儿园艺术区材料设计与评价（全彩）	王微丽 霍力岩 主编	60.00
2103	幼儿园社会区材料设计与评价（全彩）	王微丽 霍力岩 主编	60.00
1950	幼儿园科学区材料设计与评价（全彩）	王微丽 霍力岩 主编	60.00
1951	幼儿园生活区材料设计与评价（全彩）	王微丽 霍力岩 主编	60.00
1782	幼儿园数学区材料设计与评价（全彩）	王微丽 霍力岩 主编	60.00
1800	幼儿园语言区材料设计与评价（全彩）	王微丽 霍力岩 主编	60.00
9613	幼儿园区域活动——环境创设与活动设计方法（全彩）	王微丽 主编	60.00

9149	小区域，大学问 ——幼儿园区域环境创设与活动指导	董旭花 等 著	30.00
9548	幼儿园创造性游戏区域活动指导 （角色区·建构区·表演区）	董旭花 等 编著	32.00
9549	幼儿园自主性学习区域活动指导（生活操作区·美工区·益智区·科学区）	董旭花 等 编著	35.00
0156	幼儿园区域活动现场指导艺术 ——透视38个区域故事	董旭花 等 著	38.00
9134	如何有效实施幼儿园主题性区域活动	秦元东 等 著	24.00
7937	幼儿园科学区（室） 科学探索活动指导117例	董旭花 主编	28.00
幼儿园区域活动指导系列合计			935.00

幼儿园游戏指导

3724	做做玩玩学科学 ——幼儿园科学探究性游戏	董旭花 等 著	72.00
3302	自主游戏 ——成就幼儿快乐而有意义的童年	董旭花 等 著	88.00
3097	儿童发起的游戏和学习	安妮·伍兹 等 著 叶小红 译	58.00
1305	以游戏为中心的幼儿园课程（第六版）	朱迪斯·范霍恩 等 著 史明洁 等 译	82.00
1261	幼儿教育课程 ——一种创造性游戏模式（第四版）	卡罗尔·E.卡特伦 等 著 李敏谊 等 译	82.00
0758	幼儿园自主游戏观察与记录 ——从游戏故事中发现儿童（全彩）	董旭花 等 著	58.00
1563	幼儿园创造性游戏 ——环境创设与活动指导	安·巴伯 著 王连江 译	32.00
1797	幼儿园游戏指导方法与实例 ——游戏自主性的视角	秦元东 等 著	45.00

......
欲了解更多图书信息，请登录：www.wqedu.com
联系地址：北京市西城区三里河路6号院2号楼213室　万千教育
咨询电话：010-65181109，65262933

*本目录定价如有错误或变动，以实际出书为准。